TED

SUPER
SITUATIONAL SPEECH

没教的
情景式演说

洪豪泽 著
Hong Haoze

中国商业出版社

图书在版编目(CIP)数据

TED没教的情景式演说 / 洪豪泽著. -- 北京：中国商业出版社，2019.2

ISBN 978-7-5208-0652-7

Ⅰ.①T… Ⅱ.①洪… Ⅲ.①演讲－语言艺术 Ⅳ.①H019

中国版本图书馆CIP数据核字(2019)第017786号

责任编辑：王彦

中国商业出版社出版发行
010-63033100　www.c-cbook.com
(100053 北京广安门内报国寺1号)
新华书店经销
廊坊市旭日源印务有限公司印刷

* * * * *

880毫米×1230毫米　1/16开　14.5印张　200千字
2019年6月第1版　2019年6月第1次印刷

定价：50.00元

* * * *

(如有印刷质量问题可更换)

前　言

　　由于工作，二十多年来，我必须经常坐飞机到世界各地演讲、授课、办活动、辅导企业。有一次，我在一个专门计算飞行次数的手机软件里突然发现，仅仅计算我在国内的飞行次数，短短几年内就已经飞了三百多次，而国际航班一年也飞了十多次。这样看来，等飞机及在飞机上占据了我好多时间。

　　于是，我经常利用这些时间在飞机上写书、看书、看电影及思考。"飞来飞去"已经成为我生活的一部分，我甚至经常在飞机上产生很多灵感，就像阿基米德在浴缸里发现浮力原理一样。

　　在 2016 年，在一趟从上海到南方某城市的航班上，我在写笔记时，竟不知不觉地睡着了，迷迷糊糊地依稀听到飞机即将降落的广播，在那一刹那，在我脑中忽然浮现出这几个字——"情景式演说"。

　　这感觉就好像上天突然要我把过往的人生与反败为胜的事业经验，也就是改变我的人生及命运，并让我的收入增加、财富积累的最重要的一门本事分享给大家。于是，我决定把它出版成书，并且整理出一门课程，教给像我以前一样如此渴望改变自己的人生及财务状况，甚至是家里负债累累的人。因此，我按上天的旨意，快速在飞机降落前的半小时，跟空姐要了几张纸和一支笔，写下了"情景式演说"的课程及书籍大纲！

　　我是一个急性子的人。不！应该说是一个超级行动派的人。（因为任何事都有好有坏，急性子用在好的地方也可以说是超级行动派。）于是一下飞机，我立即录音，加上编写笔记，快速地把"情景式演说"基本三天要教学的大纲都完善好了，甚至把推广的文字及宣传的图样都想好了，于是立即打电话交代助理与公司视觉设计的同人，在一天后就要全部设计完毕。

这样的灵感仿佛是上天的旨意，就在当天晚上，在我演讲的讲座上立即推出这个信息，马上有几十位学生报名三天两夜收费不低的"情景式演说"课程。（由于在第一次推广期，我给予立即报名的学生超级优惠的价格。）

2016年10月，我在上海举办了第一期"情景式演说"训练班，当期有一百多人报名。而后其一直受到极度热烈、热情的反响及好评，甚至如雪花般的感谢函也一封封地来了。

有人克服了台上的恐惧；有人学会了怎么在招商会成功招募代理商；有人学会了怎么去做上市前的路演；有很多老板学会了怎样对新员工说话，怎样对老员工激励；还有学遍各类演说班无效的学生终于彻底改变了；更有整个团队上完课，业绩及凝聚力、向心力空前地好，然后每年好几班的"情景式演说"就这么一期一期地举办起来了。

有人问我："洪老师，这堂课你怎么能这么快就准备完成？"快吗？不，应该说是我准备了几十年，只是以前没有把它整理出来罢了！大脑就像是一个图书馆，收藏了很多书，当你需要用的时候，就可以拿出来，但若平常没有收集足够的书，就会"书到用时方恨少"。

就像我在教授很多企业家的课程时，经常鼓励大家要把学习当作最重要的事。很多人上台演讲时词穷，或是经营公司碰到困难无计可施，就是因为平常没有"藏书"，因此需要时自然找不到书！

有时候收到众多学生的感谢函，我反而觉得应该是我要感谢学生的认真学习及认可。教学数十年来，我更感谢学生给的机会，因为当看到学生的进步与成长时，我感觉到责任更重了。人们常说："十年树木，百年树人"，从事教育行业的工作者是伟大的，无论是学校的教师，或者像我这

前言

样的专门服务创业者和企业家的教学者,更应该战战兢兢,在中国要成为学习大国的任务上,尽自己绵薄的一份心力!

在考虑到有更多人没有办法亲临课堂,甚至可以帮助在"情景式演说"课堂上的学生作为预习及复习之用,我决定在自己将近一年的用心撰写,及出版社总编的努力整理下,希望通过《TED没教的情景式演说》这本书,帮助更多人掌握这门本事,并将其发扬光大,进而帮助更多人改变人生及命运。不论是通过现在流行的在线直播"情景式演说",还是线下的"情景式演说",只要能够完成自己的人生目标及使命即可。

我郑重推荐给大家《TED没教的情景式演说》这本书,以及我的另一本书——《复制CEO》,因为这两本书可以说是我跟好几十位世界上各领域的第一名学习并合作的结晶,以及我三次创业失败又再度爬起来,从中国的宝岛台湾到祖国大陆,乃至世界各地演讲,开拓市场,从零开始,从一变多,最重要的两门课程内容的精华。它们可以说是我的左手和右手,尤其是这门"情景式演说"的学问,就像右钩拳一样,可以把失败和贫穷彻底击败!

目　录

第一部分　"情景式演说"的基本功解析

一、到底什么是"情景式演说" ……………………………………… 002

二、为什么叫作"情景式演说" ……………………………………… 005

三、为什么"情景式演说"是突破事业困境的秘籍 ……………… 008

四、只有面对面的"情景式演说"才是致胜之道 ………………… 013

五、"情景式演说"之前需要做的催眠测试 ……………………… 017

六、"情景式演说"就是永远不要对不愿意听你说及不愿意被你催眠
　　的人发表公众演讲 ……………………………………………… 021

七、"情景式演说"就是一步一步引导听众说"Yes"的过程 …… 023

八、"情景式演说"与一般的公众演讲最大的差别就是"结果" …… 026

九、批发大于零售，一对多大于一对一 …………………………… 032

十、放松也是一门能学会的功夫 …………………………………… 036

十一、绝对简单有效的自我介绍及企业介绍版本 ………………… 041

十二、锻炼自我心像 ………………………………………………… 045

十三、词汇具备伟大的力量 ………………………………………… 049

十四、永远要知道"情景式演说"就是要让听众知道价值大于价格 …… 052

十五、企业的成功就是培训的成功 ………………………………… 055

第二部分 "情景式演说"的实际运用技巧

十六、15分钟内要达到销售目的的"情景式演说" …………… 060

十七、15分钟内要达到销售目的的一句贯穿15分钟的话 …… 062

十八、阐述没购买的痛苦 ………………………………………… 065

十九、阐述购买后的快乐 ………………………………………… 067

二十、现在马上行动的六大好处 ………………………………… 069

二十一、下达极重要的购买谕令与动令 ………………………… 070

二十二、预防及彻底解决听众销售购买的相关问题 …………… 071

二十三、15分钟内要达到招商目的的"情景式演说" ………… 074

二十四、15分钟内要达到招商目的的一句贯穿15分钟的话 … 077

二十五、阐述没跟你一起合作的痛苦 …………………………… 079

二十六、阐述一起合作后的快乐 ………………………………… 081

二十七、现在马上行动一起合作的六大好处 …………………… 082

二十八、下达极重要的招商谕令与动令 ………………………… 083

二十九、预防及彻底解决听众招商的相关问题 ………………… 084

三十、15分钟内要达到加入你团队目的的"情景式演说" …… 086

三十一、15分钟内要达到加入你团队目的的一句贯穿15分钟的话 … 088

三十二、阐述没加入你团队的痛苦 ……………………………… 090

三十三、阐述加入你团队的快乐 ………………………………… 093

三十四、现在马上行动加入团队的六大好处及方案 …………… 095

三十五、下达极重要的加入团队的谕令与动令 ………………… 096

三十六、预防及彻底解决听众现在马上加入你团队的相关问题 … 097

三十七、15分钟内要达到建渠道目的的"情景式演说" ……… 100

三十八、15分钟内要达到建渠道目的的一句贯穿15分钟的话 … 102

三十九、阐述没跟你合作渠道的痛苦 …………………………… 103

四十、阐述合作渠道后的快乐 …………………………………… 105

四十一、现在马上行动合作渠道的六大好处 …………………… 107

四十二、下达极重要的成为合作伙伴的谕令与动令……………… 109

四十三、预防及彻底解决听众成为合作伙伴的相关问题………… 110

四十四、15分钟内要达到路演目的的"情景式演说"……………… 113

四十五、15分钟内要达到路演目的的一句贯穿15分钟的话………… 115

四十六、阐述没接受你路演结果的痛苦…………………………… 118

四十七、阐述接受你路演结果后的快乐…………………………… 119

四十八、现在马上行动接受路演结果的六大好处………………… 120

四十九、下达极重要的接受路演结果的谕令与动令……………… 121

五十、预防及彻底解决听众对路演结果的相关问题……………… 122

五十一、15分钟内要达到众筹目的的"情景式演说"……………… 124

五十二、15分钟内要达到众筹目的的一句贯穿15分钟的话……… 126

五十三、阐述没投资的痛苦………………………………………… 128

五十四、阐述投资后的快乐………………………………………… 129

五十五、现在马上行动投资后的六大好处………………………… 130

五十六、下达极重要的立即投资的谕令与动令…………………… 133

五十七、预防及彻底解决听众投资前后的相关问题……………… 134

第三部分　"情景式演说"的成效心法

五十八、明确重复要听众马上做的行动…………………………… 138

五十九、给予听众行动时间………………………………………… 140

六十、"情景式演说"的"破冰"…………………………………… 142

六十一、与人合作的伟大力量……………………………………… 145

六十二、邀约的能力比公众演讲的能力更重要…………………… 150

六十三、"情景式演说"要把自己的劣势变成优势………………… 153

六十四、听你说到底对我有什么好处……………………………… 156

六十五、往好的方面想，做最坏的打算…………………………… 158

六十六、"情景式演说"时要注意你说的每一个字……………… 160

六十七、收集你的对象并完全崇拜你"情景式演说"的偶像……… 163

六十八、"情景式演说"要学会讲故事……………………………… 166

六十九、找到跟着能激励你的那个人…………………………… 168

七十、真感情就是好文章………………………………………… 171

七十一、说别人想听的，而不是自己想说的…………………… 174

七十二、"情景式演说"用问句取代肯定句……………………… 176

七十三、选定老师及教练并持续大量地跟随他学习…………… 178

七十四、多遍阅读、听音频、看视频，不断重复学…………… 180

七十五、了解"情景式演说"时的听众属性……………………… 182

七十六、红、黄、蓝、绿听众分类法…………………………… 184

七十七、感性、理性听众分类法………………………………… 187

七十八、雄性激素、雌性激素听众分类法……………………… 189

七十九、"7、38、55"法则……………………………………… 191

八十、一个字一个字说清楚……………………………………… 194

八十一、很多言语要靠下苦功夫背下来………………………… 196

八十二、"情景式演说"永远要让听众知道价值大于价格……… 199

八十三、别以为台下都知道，其实他们都不知道……………… 201

八十四、仔细描述细节及画面…………………………………… 203

八十五、终身对"情景式演说"学习与练习……………………… 206

八十六、在线进行"情景式演说"………………………………… 208

八十七、定时、定量的"情景式演说"…………………………… 210

八十八、不定时、不定量的"情景式演说"……………………… 212

八十九、全团队都会"情景式演说"就是拥有了一批招商军团… 214

九十、为什么要学会"情景式演说"的理由……………………… 216

九十一、下定决心学会"情景式演说"…………………………… 219

后记：不同场合演说，达成最想达成的结果……………………… 221

第一部分

"情景式演说"的基本功解析

"情景式演说"（Super Situational Speech），又叫"微演说 Micro Speech"。教会你在 15 分钟内透过声音学、语言学、内容文字、肢体动作、表演式的演说达到你要的一切结果！通过这个概念，我认为，任何成功都是沟通的成功，任何失败都是沟通的失败。一对多的沟通就是演说，一对多的沟通成功就是演说成功，一对多的沟通失败就是演说的失败。

一、到底什么是"情景式演说"

从字面意思来解释，为什么叫作"情景式演说"，而不叫公众演讲呢？在这里，"情景式演说"不只包含着一对多的公众演讲的技巧，而且主要落在这三个字上——"情景式"。

"情景式"是在任何时候、任何场合、任何地点，通过一对多的公众演讲，因人、因时、因地、因主题，运用现场的工具和环境，达成六大结果：销售、招商、建团队、建渠道、路演、众筹。

"情景式演说"，英文又叫作 Super Situational Speech。"情景式演说"之所以称为"情景式"，就是因为如以上所说的那样，不是只会演讲，不是只会说，不是只有演讲的技巧，不是只有公众演讲的方法，还要在不同的场合，不同的地点，面对不同的人进行演说。

比如，你面对学生演说，你面对大众演说，你面对新进的员工演说，你面对老员工演说，你面对市场营销部门的人员演说，你面对你的家人演说，甚至你在路边面对三四个人演说，或者你在婚礼等喜庆场合的演说，或者参加鸡尾酒会、产品发表会、慈善晚会发表演说……

在各种不同的场合，有不同的麦克风，不同的教室，不同的环境，有时候可能是一个讲台，有时候可能要蹲下来，有时候可能没有麦克风，有时候可能有很棒的音响，在各种情况，你不能挑剔，必须要达成你所要的结果。

在"情景式演说"这个主题中，我们为什么称其为"情景式"呢？

举一个"功夫巨星"成龙的例子：

我们都知道，成龙是国际巨星，而且会功夫，所以外国人一谈到成龙，

第一部分 "情景式演说"的基本功解析

首先联想到的是"中国人会功夫"。

有时候我去国外演讲，或者去国外出差，外国人只要听到中国人，他们就以为我们都会功夫。为什么呢？在这里我们要感谢成龙为中国在国际上做了一个很好的代言，包括我去美国洛杉矶的好莱坞，也看到了一些关于成龙功夫的宣传。

谈到成龙，在几十年前我们第一次看成龙的电影或者当时的录影带。其实，那个时候中国已经有很多的功夫巨星了。比如，我印象中把古龙小说拍成影视剧里的狄龙，还有众多金庸小说改编成影视剧里面武林高手的扮演者，都可以说是功夫了得。

为什么众多明星都成为过眼云烟，而成龙的地位一直难以撼动？为什么是新出道的成龙？为什么成龙可以取得新功夫巨星的地位，而且几十年来屹立不倒呢？

我记得他在《醉拳》里面喝醉了酒都能够打拳；我记得他在《师弟出马》里面，在满是泥浆的泥土中都能够打拳；我记得他在空地上，看到一条蛇，都能够跟蛇一样打"蛇拳"……

慢慢地，人们记住了他，因为他并不用跟电影里传统的英雄一样，必须要有华丽的穿着，必须拥有锐利的大刀才能够制服敌人，而他可能拿到一架梯子，可能爬上一层楼梯，也可能攀着一根断掉的电线，就可以顺利地滑下来进行防守，击败敌人。

这样的功夫，我称它为"情景式功夫"，而我们今天主要谈的，并不是如何去练功夫，而是如何去演说，如何像成龙的"情景式功夫"一样，学会"情景式演说"。

很多人上了演讲课，学了演讲技巧之后，仍然没有办法演讲，还是站在舞台上就会颤抖，为什么呢？我的很多学生也会问我这个问题："老师，我在很多的课堂上学完公众演讲之后，为什么仍然没有办法演讲？"

经过多年的研究之后，我发现他们所学的仅仅是公众演讲，里面虽然包含着公众演讲的"技"，但不会像成龙这样的武打巨星一样，在任何场合、任何地方、任何时间，因人、因事、因主题的不同而发表不同的演讲。

"情景式演说"是一对多的，是不同场合、不同地点、不同主题，而且还要达到不同结果的销售、招商、建团队、建渠道、路演、众筹。

本节阅读心得及行动方案：

一、_____

二、_____

三、_____

四、_____

五、_____

六、_____

第一部分 "情景式演说"的基本功解析

二、为什么叫作"情景式演说"

"情景式演说"是一对多的说话,大量地接触到客户,接触到人才,接触到你想要接触的人,能够让时间大量节省下来的方法。

我在课堂上,经常问很多学生:"你们学过公众演讲吗?"

答案确实让我大感意外。因为我是这个行业里面教学的老师,所以我开设了教育培训公司。几十年来,我以为大家都学过这门功课,我以为大家都会演讲,其实,每次我问这个问题的时候,在新的学生里面,如果有几千人,那么只有少数几十个人学过;如果有几百人,那么只有少数的几个人学过;甚至有些班,有几百个人,只有一两个人学过。

我又问他们:"为什么没有学过呢?"

他们告诉我的答案,大部分竟然是不知道去哪里学,不知道为什么要学。我告诉他们学习的原因。等到我讲解完之后,大家才知道:哦!原来学习一对多的公众演讲,可以大量地节省时间,时间比金钱更重要,节省时间就是珍惜生命。时间不是等于金钱,而是大于金钱。

学会一对多的公众演讲,可以让时间大量节省下来。很多人学过某些演讲班的课程,但是学完之后,还是没有办法站在大庭广众之下说话,像很多表达能力很好的老师一样侃侃而谈,他们不知道原因出在哪里。

我告诉他们,只学演讲的技巧是不够的,就好像你学习游泳的技巧,在游泳池里学得很好,但是你到了海里就不会游了,因为海水无风三尺浪,跟在游泳池里完全不同,环境变了,你又不知所措了。所以要想真正学会游泳,就必须去海里练习。

有些人学习开车,在驾驶训练班,有教练指导,考了很高的分数,拿到驾驶执照，但是仍然不会开车，一上路就害怕，为什么呢？因为他们学的是开车，而不是"情景式"开车，就像"情景式演说"一样，可以在各种场合，达到不同的结果。

"情景式演说"，英文叫作 Super Situational Speech，由三个"S"组成：Super 是超级的意思，Situational 是情景（在各种不同的情景）的意思，Speech 是演说的意思。

"情景式演说"强调，要在 15 分钟之内，完成你所要讲的目的。现在不管是线上还是线下，资讯都非常发达，可以说是信息大爆炸的时代，每个人每天都要接受大量的资讯，可以说到了对资讯免疫的程度。

在"情景式演说"中，如果你讲得太久，在面对面的时候，人们已经不厌其烦地走掉了。尤其在线上，通过手机微信，通过电脑的视频直播，人们更是走光了，甚至已经切换频道了。

"情景式演说"强调 15 分钟，还与"TED"有很深的渊源。

那么，什么是 TED 呢？

TED（指 technology、entertainment、design 在英语中的缩写，即技术、娱乐、设计）三个字母，是美国的一个机构，这是一家权威机构，有非常多杰出的人才在里面演说过。

比如，英国首相卡梅隆在 TED 上阐述其关于下一任政府的构思；比尔·盖茨在 TED 上讲述慈善理念；朱利安·阿桑奇侃侃而谈世界为什么需要维基解密……因此，TED 演讲集是除哈佛、耶鲁等名校公开课之外，视听资源的又一盛宴。

TED 里面有众多名人的演讲，时间的规定就是在 15 分钟左右。代表着这是最让人可以接受，令人可以专心的一个时间。我在开设"情景式演说"这门课程的时候，也会教学生不管你想达到什么样的结果——销售、招商、建团队、建渠道、路演、众筹，只能在 15 分钟之内把你所想要做的所有的事情说清楚。

"情景式演说"并不是只有工作演讲，主要用在商界里面。而且要在各种场合，达到销售、招商、建团队、建渠道、路演、众筹这六个结果。在商界里如果能够达到这六个结果，那么，我相信你的生意会越做越好，钱当然就会越赚越多。

不能漫无目的，也不能太多目的，我们设定的就是这六个结果：销售、招商、建团队、建渠道、路演、众筹。

本节阅读心得及行动方案：

一、_____

二、_____

三、_____

四、_____

五、_____

六、_____

三、为什么"情景式演说"是突破事业困境的秘籍

为什么一定要学会"情景式演说"?

很多人都有这样的困惑:私下聊天滔滔不绝,但一上台大脑一片空白;工作中干得多,说得少,结果会干的不如会说的;汇报工作,向客户演示时不能很好地组织语言;陷入了不敢说、不去说、不会说的郁闷中;上台后不知先说什么,后说什么,把自己都搞乱了;想提高口才,也看过书、听过课,可效果不显著;虽然敢说,但听众反馈效果不好。

要想解决这些难题,就需要学习如何"情景式演说"。

我们知道,"情景式演说"是在任何时候,任何地点,对任何人,因人、因时、因地、因主题发表公众演讲。这里我要分享给读者朋友的是,我是怎样运用这样的绝密武功,让自己脱离了贫穷,改变了自己的命运,甚至改变下一代、下下一代、下下下一代的命运的。

记得在几十年前,当我还很年轻的时候,我的家里出现了一些挑战和问题,是什么问题呢?

各位如果读过我出版过的一本叫作《生存力》的书,里面有介绍到——为什么这本书叫"生存力"呢?因为生存力所说的是要如何先活下来,只有先活下来,才能探讨怎样活得更好,甚至怎样有竞争力,怎样过好的生活。但是如果连活下来都没办法,如何过好的生活呢?

我来自中国台湾,台湾省的省会是台北市,我就在台北出生长大。这是一个看起来比较繁华的都市,但是在这个繁华的都市里,我过着贫穷的

生活，而且在少儿时期我的家里发生了巨变。

因为在我 12 岁那年，我父亲的生意破产了。面对失败，当时还年轻的父亲，按理来说可以东山再起，但是事与愿违。其实大部分的人做生意失败后，是没有办法东山再起的。我们学过一句话，叫作"失败乃成功之母"，但对失败者来说并不适用，那么为什么有人失败之后一蹶不振，永远都没有办法再爬起来呢？

其实失败并不是真正的成功之母。因为失败之后，如果没有新的方法、新的观念、新的思维、新的做法，那么可能会重复不断地失败。我曾经开玩笑说："为什么一个人会贫穷？因为他的父亲没有钱，导致他也很贫穷。为什么他的父亲没有钱呢？因为他的父亲的父亲没有钱，导致三代都贫穷。"

虽然这是一句玩笑话，但是仔细想想，好像也有那么一点道理。因为有些人一出生，就注定了即使一辈子不工作也衣食无忧，因为他的父亲、他的家族已经累积了相当多的财富。而当时我的父亲，本来也是白手起家，做生意赚了一点钱，但是现在好并不代表未来也会好。

就像我在课程当中，有时候会跟很多的老板谈到：不要用过去的想法在现在的社会面对未来的时代，因为你现在好，未来不见得会好，过去成功的模式，在未来没有办法用以前的模式也能够取得成功。当时我父亲做生意失败之后，所面临的问题不只是自己失败的问题，而是连我们都受到了很多的连累。我曾经怪他，但现在我却感谢他，正是因为当时他做生意失败了，才让我学会了很多做生意怎么样在失败之后，还能够爬起来的方法。

每个人的人生不可能一帆风顺，"天有不测风云，人有旦夕祸福"，所讲的并不是无法面对失败，不要失败，或者是有人一辈子不会失败，而是碰到问题和挑战，如何重新再出发，如何重新爬起来。

"情景式演说"这门学问，是一门大量地节省时间，大量地面对人群的学问；更是一门本来你要做一万天的事，现在可能一天就做完了，所以让你赚了 9 999 天的学问。当然赚取的时间，就好像赚取了生命一样。所以我说"情景式演说"是永远脱离贫穷，以及做任何事成功的秘密武功。

有时候想想，如果当时我的父亲学会了这门武功，他会这个本事的话，他可以去一对多地和别人说话，一对多地去作公众演讲。当时我们家里在卖中草药，他还可以一对多地去举办招商会，一对多地去销售，一对多地去建立团队，一对多地去做路演，一对多地去众筹资金。

或许，当时身为孩子的我，可能就不会因为家中的问题而受到连累。当我父亲的生意倒闭之后，我休学了一年，整整一年的时间没有念书，过着可以说是"拆东墙补西墙"，或者可以说是艰难痛苦的日子。

我在教授"情景式演说"这门课程的时候，或者是我在写这本书的时候，我都会想到我的父亲，或许当时他已经用尽所有的方法，然而他并不知道，原来可以一对多，可以在各种情况下节省时间，发表公众演讲，还可以让家里情况变好，甚至还清当时的债务。所以我认为，能够学会"情景式演说"，不是让自己永远不会失败，而是即使不小心失败了，还能够再度爬起来。

我在课堂中，不断谈到时间与金钱谁更大的问题。

以前我们认为时间等于金钱，但其实时间大于金钱。因为时间就是生命，能够节省时间，就好像多活几年一样。包括我自己在创业的过程中，虽然已经试过了超过 20 年的时间，但是有时候想想，如果当时我就学会一对多的演讲，学会一对多在任何情况下都能够达到自己想要的销售、招商、建团队、建渠道、路演、众筹的目的和结果，那么我就等于节省了大量的时间。因为节省了时间，就好比我多活了好几年一样。

记得在 18 岁的时候，我边念书边开始做销售工作。当时我在卖饮水机，我一台一台地卖，一个客户一个客户地说，从早到晚，有时候早上六七点、七八点钟去学校上课，然后中间翘课出去做销售。因为我的父亲不仅做生意失败，还得了肝癌，需要花钱治病，当时我们又没有保险，所有的费用都必须靠自己来承担，所以我就努力地去做产品销售。

但不管我再怎么努力，翘再多的课，就算连吃饭、睡觉的时间都利用起来，废寝忘食地一天顶多能够和几个人说话。如果当时我就学会现在这本书里面所说的"情景式演说"，那么首先我可以在任何情况下进行一对多的公众演讲，那么我就可以一个人对很多人说话，而不是一个一个地说。

一个一个地说和一对多地说，最大的差别就在于我可以节省大量的时间。在我的课程里面，经常谈到有钱人重视时间，穷人重视钱，有钱人花钱买时间，穷人花时间赚钱。穷人越赚越穷，因为时间是有限的；有钱人越赚越有钱，因为钱是无穷尽的，是永远用不完的，而时间是用得完的。

每个人一天有24个小时，但是如果有很多人一起工作的话，那么就有很多的24小时。为什么很多人可以一起工作呢？因为你花钱请别人一起和你工作。如何才能够花钱请别人和你一起工作呢？重点不是钱，而是通过一对多的公众演讲，在任何时候、任何场合，吸引到和你能够一起努力打拼的人。所以重点在于你是不是能够一对多的公众演讲，在这里我们称之为"情景式演说"，不是一般的演讲，而是"情景式演说"。

在我的课程"情景式演说"中，我会放很多的影片：包括一些革命志士在街头发表救国的革命演讲；包括谈到在《芈月传》里面芈月碰到叛变这样的大问题时，把大家集合起来，通过一对多的公众演讲、"情景式演说"，让叛臣归顺，让国家再度兴盛；包括谈到成龙在武打片里面什么都能打，打成功夫巨星；包括谈到阿里巴巴的马云，我们经常在机场看到他的很多视频，他谈公司经营、谈淘宝、谈公司理念，试想如果他没有在任何地方、任何场合发表公众演讲，没有一对多，而是一对一地宣传，要浪费多少时间呢？

从我父亲的例子，和从我自己做销售员的例子，再谈到古往今来，任何一个人要想成功，如果他没有随时随地一对多地说话，没有一对多地公众演讲是很难达成结果的。

如果你不小心失败了，导致没钱了，负债了，甚至现在你已经很贫穷了，如果你要东山再起，你要平步青云，你要让自己事业成功，甚至做慈善事业成功,都必须要学会"情景式演说"。所以,我们谈到"情景式演说"是永远脱离贫穷,即任何事成功的绝密武功。

本节阅读心得及行动方案:

一、_____

二、_____

三、_____

四、_____

五、_____

六、_____

第一部分 "情景式演说"的基本功解析

四、只有面对面的"情景式演说"才是致胜之道

现在,我们与别人的联络已经不再是打电话了,而是通过微信的语音留言;我们做生意的方式,很多也不再面对面和别人介绍了,而是通过发朋友圈。

前几年,我经常到澳大利亚、美国等海外地区去作演讲,我在这期间发现了一件很有意思的事。是什么事呢?

因为去听我演讲的,很多是华人企业家,当然也包括很多女性朋友,而大部分的人已经移民到海外十年甚至二十年了。他们可以说是"老移民",已经完全融入了当地的生活。因为移民到海外时间久,所以他们回国的时间也不多,最多一两年回来一次,甚至有人已经三五年没有回国了。

在演讲的同时,我发现了一个特别并且比较不一样的事实。我问课堂里面的学生,你们对于中国的发展情况了不了解呢?他们说,他们知道祖国越来越强大,也曾经在过年的时候,或者是空闲的时候带孩子回到国内,但那都只是旅游,仿佛做客一样,所以对国内的情况,很多已经不太了解了。但他们说这三五年,他们对国内的情况比刚移民的前二三十年了解得更多了,而且联系得更密切了,可以说是天天都知道国内的发展状况。

原来,他们还有亲戚、朋友住在国内,或者是他们偶尔回到国内,就会加上亲朋好友的微信。他们在微信里,就能看到一大堆朋友圈的信息,

一大堆国内的情况和状况。于是，微信让全中国和海外华人重新串联了起来。

微信可以说是一个伟大的发明，而手机的便利，让人们可以在任何时候、任何地点，都能通过微信了解到客户的情况、亲戚朋友的情况。你是否还记得在多年前，有人在微信上面做微商，或者再久一点，有人在淘宝网上开店做店主，就可以赚到大把的钞票？但那个时代已经过去了。

就像你是否还记得没有手机的那个年代呢？你是否还记得没有微信的那个年代呢？不过是八九年前的事情而已，不过是一二十年前的事情而已。但现在，谁没有一部能上网的手机，谁没有能够和别人通话的微信呢？

历史演进到手机已经成为工具的时候，你是否还记得，只有面对面地说话，才能够重新找到客户，重新找到人才，重新找到另一半，这种是早期"见山是山，见水是水"的第一个阶段。

我还记得年轻的时候，当时找客户的方法，那个时候连电话都没有，只能在路上，或者挨家挨户地沿街拜访，"扫街扫楼"。后来有了电话，开始打电话，中途还有了个BB机——呼叫器，后来才有了手机，此时人们已经懒得和别人面对面交流，只想通过电话，便想要借此来成交客户，甚至想要借此来找到对象。所以第二阶段，应该叫作"见山不是山，见水不是水"。

随着时代的再度演进，物极必反，现在人们又不相信手机了，因为智能手机中的信息太过于泛滥，于是又回到了第三阶段，"见山是山，见水还是水"。

第一阶段"见山是山，见水是水"，那是面对面地谈客户，面对面地和别人沟通；第二阶段"见山不是山，见水不是水"，那是不用面对面，通过智能手机就能进行沟通合作；而第三阶段"见山是山，见水还是水"，又回到了面对面沟通，因为太多泛滥的信息，让人们的信赖度降低，还是要见到人才是真实的。

第一部分 "情景式演说"的基本功解析

如果你现在所做的是线上生意的话，那么你就要问自己如何把它搬到线下来，如何把线上的客户导到线下才是硬道理。世界上非常有名的亚马逊书店，在以前只通过网络购物、网络买书，但现在也开了实体书店。有人问为什么网络书店要开实体书店呢？也就是从线上导到线下来呢？最重要的问题是，消费者看久了电脑上的东西，又想摸摸纸质书籍，感觉比较真实。同样的道理，认识朋友，还是要面对面，因为这样感觉比较真实。

面对面就是一对一说话，但如果能够在任何时间、任何场合一对多说话，其实就是我们现在所说的"情景式演说"。不管科技多么发达，工具多么流行，最后人对人、面对面，见面三分情，才是真正的核心，真正永远不会过时的方法和功夫。

如果只是一对一，那么多人又要浪费时间了！记得节俭是省钱，节省时间才能赚大钱，人很难通过省钱而赚大钱，但人会通过赚时间而赚大钱。赚时间最好的方法，就是一对多的公众演讲。公众演讲能够发挥作用和落地实施，最好的方法就是"情景式演说"。就是我们不断地谈到，在任何地方、任何场合达到结果最重要的一门功夫。

在这里我们谈到，不管手机如何发达，只有面对面的"情景式演说"，才能够永续长存，才能够真正地成功，所以我要请各位正在读这本书的读者，我想请你们不断地作计划、定目标，不断地思考，怎样面对面一对多说话，怎样面对面一对多"情景式演说"。把整个年度的行程表排出来，排出面对面的线下"情景式演说"的时间，手机虽好，但它只是一个工具，也只是一个过程，真正的结果还要导到线下来才会成功。

通过智能手机这样的工具，只有线上加线下，并将线上导到线下来才能成功。在做任何营销策划和营销方案的时候，我要请你拥有海陆空的思维。那么，什么是海陆空呢？

海军就是举办"情景式演说"，类似招商会等活动，这样才能够让客户、让你所要找的人才，进入你的公司，或者是购买你的产品，增加你的业绩；陆军就是通过团队运作，把人邀请出来；空军就是把人通过手机过滤出来。所以只有面对面的"情景式演说"，才能取得最后的成功。

本节阅读心得及行动方案：

一、_____

二、_____

三、_____

四、_____

五、_____

六、_____

第一部分 "情景式演说"的基本功解析

五、"情景式演说"之前需要做的催眠测试

"情景式演说"的成功,就是对听众"催眠"的成功。"催眠"就是毫不批判地接受使命。不要对不喜欢的人说话,不要想办法说服不喜欢你的人。要让该喜欢你的人喜欢你,找到喜欢你的人而不是让每个人都喜欢你。

人们接受你这个人,才会接受你所说的一切。如何让别人接受你?学会"催眠"。学会感恩,你不可能让所有人都喜欢你,珍惜才能拥有,感恩才能天长地久。

在这里,我要谈到什么叫催眠测试?

我在中国台湾出生长大,因此经常能接收到很多海外资讯。有一次,我听说在美国有人在教怎样催眠。一开始我感觉"催眠"是一个很奇怪甚至有点负面的词语。催眠听起来好像给失眠的人治疗,叫别人睡觉的意思,失眠好像跟我所做的生意、想要追求更好的人生目标没有什么太大的关系。

但是经过了解之后,我才知道原来催眠是一个英文翻译过来的中文,准确来讲,应该叫作"毫不批判地接受指令"。

催眠等于毫不批判地接受指令。也就是说,假设你想让客户购买你的产品,而你讲完产品介绍,展示完产品之后,客户就购买了,这就是毫不批判地接受指令;如果你想让你的女朋友跟你结婚,当你对她示好,约会了之后,你跟她求婚,她答应了,这就是毫不批判地接受指令;当你想要找到一个人才,你参加人才招聘大会,你举办的面试,他很有意愿加入你

的团队，那么他就接受了你的催眠；当你跟你的孩子说话，他听了；当你跟你的父母说话，他感觉到了你的孝顺；当你跟你的另一半说话，他感觉很舒服；当你跟你的朋友说话，他想要再一次跟你约会，其实就等于你对这些人催眠成功了。

相反来讲，假设你跟他说话，他不喜欢听；你跟他说要购买产品，他拒绝了；你请他加入你的团队，他婉拒了，那么你的催眠失败了。所以，什么叫作催眠测试呢？我们接着往下看。

你不要浪费时间去跟不喜欢你的人说话；不要浪费时间，去跟已经吃饱的人推销食物；不要浪费时间，去跟不喜欢你产品的人推销产品。

当你在发表"情景式演说"之前，你必须要对公众来一个催眠测试，也就是说，在催眠测试的同时，你知道谁对你是比较感兴趣，对你的产品、你的项目、你的团队、你所说的话，或者跟你之间有一种比较好的感觉与直觉，然后你只要对他们说就可以了。

不管你是一个多么厉害的演讲高手，也不管你是一个多么强的公众演讲巨星，你不需要让所有的人都喜欢你，你只要找到对你说的话有感觉的人就好了，这就是所谓的催眠测试。就算你是个歌星，你也不可能让全世界的人都喜欢听你的歌，有些人喜欢刘德华，有些人喜欢张学友，有些人喜欢张惠妹，有些人喜欢孙燕姿。

后来我到美国，花了好长时间学习催眠，学习怎么样做催眠测试，并运用在公众演讲、"情景式演说"的技巧里面。我发现这真是一门太好的功夫了，因为没有人喜欢被拒绝，而当你找到对你有感觉的人，对你的产品有感觉的人，对你的公司有感觉的人，甚至对这本书有感觉的人，那么我们就不会被拒绝了。

有些人看到这本书叫作《TED没教的情景式演说》，觉得跟他没什么关系，不想买也不想看；有些人看到这本书如获至宝，觉得这是他这一生当中最重要的一本书。我不需要去说服对这本书没感觉的人，因为他可能

第一部分 "情景式演说"的基本功解析

真的不需要,他可能暂时真的用不到,但我只要好好地对有感觉的人就够了,也许你会问为什么?

因为在多年前,我的前辈告诉我一句话,他说,这世界上唯一比钱还要多的就是人。人真的好多,全世界就有这么多人,中国就有这么多人口,你只要找到对你的产品、你的项目、这本书有兴趣的人就够了,而在"情景式演说"的时候,不管现场有多少人听,有十个人,有一百个人,有一千个人,有一万个人,你只要找到对你的演说有兴趣的人就够了。

那么怎么样去做催眠测试呢?

比如,当你问一些问题,假设人不多,你可以感受到对方的眼神、表情、动作是不是有兴趣?假设人比较多,你可以请对方在你问问题的时候举手,比如你可以问,对这个主题有兴趣的请举手;或者你可以说,很想知道这个主题的答案的请举手。有人笑得很开心,有人感动得落泪,有人举手,有人目光炯炯有神,有人离席没什么感觉,这时候你就知道,有多少人对你的演说是感兴趣的。

发表"情景式演说",我要提醒各位的是,千万不要自顾自地讲一些自己喜欢讲的话,不管台下人在干吗!因为你必须要了解到底台下听众在做什么?有什么感觉?这时候,在事前所要做的最重要的工作就是催眠测试。

本节阅读心得及行动方案:

一、_____

_____

二、_____

_____

三、_____

_____

四、_____
_____

五、_____
_____

六、_____
_____

六、"情景式演说"就是永远不要对不愿意听你说及不愿意被你催眠的人发表公众演讲

人人都不喜欢被拒绝,那么怎样让别人接受你呢?

如果你去说服听你说话的人,你不断地说服,他还是不喜欢,不断地说服,他还是讨厌,那么,你花很大的力气、很多的工夫,最后还是得到不好的结果。

假设你做完催眠测试,又会怎样呢?

或者你是一位企业家,你必须要进行"情景式演说";或者你只是一位新郎,要在婚礼的时候发表一段讲话;或者你是一个有三个小孩的妈妈,你把他们集合起来说话;或者你是一个公司老板,开晨会面对七八十个员工跟他们沟通,甚至你要举办一个大型的一千人、两千人的招商会议,你必须非常注意,在你上台演讲成为一位演说家时,先要做催眠测试,并且在事前做好问卷调查调研。

针对台下听众的喜好与兴趣,去切入和植入你所要告诉他们的项目、产品,或内容。如果有人不喜欢、没感觉,记得要及时换人,你不要对不愿意听你说及不愿意被你催眠的人发表公众演讲,就算你勉强去说服别人,最后所得到的结果,可能会让对方难过,你也痛苦,然后你再也不敢上台,再也不敢说话,再也不敢公众演讲,再也不敢发表"情景式演说"了。

做好催眠测试,找到对你有兴趣的人。如果现场有一千人,可能会有

三十人、五十人对你说的话非常感兴趣，但其他人不感兴趣，你不要勉强他们，因为勉强别人就是在勉强自己。每次当我谈到这一点的时候，有人觉得非常有道理，但有人就问我说："老师，如果大家都非常讨厌怎么办呢？"

哦，如果大家都非常讨厌，没有任何人喜欢，那么可能你的演说、你催眠式的演讲，还有你的"情景式演说"的发表方式是有问题的。我们在这本书里面会教各位，这个内容该怎么去设计？演讲的架构该怎么去确认？

本节阅读心得及行动方案：

一、_____

_____

二、_____

_____

三、_____

_____

四、_____

_____

五、_____

_____

六、_____

_____

七、"情景式演说"就是一步一步引导听众说"Yes"的过程

"情景式演说"就是一步一步引导听众说"Yes"的过程，这是一句非常重要的话，请各位朋友在边读边看的时候，就把"一步一步"这四个字大声读出来，或者可以用力地念出来，画上重点，因为一步一步就是这句话的精髓。

什么意思呢？

很多人做事想要一步到位，其实，任何事都很难一步到位，比如说：

春天要播种，夏天要除草，秋天要收割，冬天要收藏，一粒种子的长成，必须经过春夏秋冬；一颗蛋还要孵个几十天，才能变成小鸡、小鸭；一个人生出来，母亲要怀胎十个月，不可能因为爸爸妈妈特别喜欢小孩，叫小孩提前几个月就出生的。

如果没有足够的孕育，没有足够的天数，即使小孩七个月就出生了，或者是六个月就出生了，那么可能会导致胎儿不健康，还要进保温箱。因为你不能追求一步到位，不能追求什么事都要马上达到结果，任何事都有一个过程，凡事都有酝酿期。

在"情景式演说"的时候，你必须做到的是一步一步引导听众说"Yes"，比如你提到："今天天气非常好，春暖花开，非常适合全家一起旅游，你必须要常带着你的家人一起旅游，这样我们的家庭关系才会更好。所以今天是一个阳光普照的日子，你们说对吗？"

"哦！"他的心里面肯定要说，"对，因为今天看着窗外真的是阳光普

照。"但是如果窗外是阴雨绵绵，甚至狂风暴雨，而你说阳光普照，那等于是你在引导听众一步一步说"No"。

引导听众说小"Yes"，最后他就会说大"Yes"；引导听众说小"No"，最后他就会说大"No"，他就完全不照你说的做。因此你必须在发表"情景式演说"的时候，设计很多的环节，让听众不断地点头，要么就是心里默认，要么就是点头，要么就是举手，因为不断地说"Yes"，最后就会说出很多的"Yes"和很大的"Yes"。

相反，不断地说"No"，最后就是一个大大的"No"，结果是你说什么他都不照你所说的做。我们说"情景式演说"最重要的是结果，这就是和一般公众演讲的差别：一个是有结果的，另一个是没有结果的。所以在这里所说的一步一步引导听众说"Yes"，也就是你所说的每一句话，到底是让别人一直想说"Yes"，还是一直想说"No"，并且就像刚才我们举的春暖花开，阳光普照的例子一样，你必须要一步一步地让听众说"Yes"。

记着，不要太急，俗话说得好："心急吃不了热豆腐。"

你不可能见到一个漂亮的女孩，觉得很喜欢，第一天就和她说"我们结婚吧"，因为结婚必须先要有一个恋爱的过程，要先牵牵手，要先逛逛公园，要去看看电影，要去喝喝咖啡，一步一步地交往，彼此多了解一点，最后才可能会结婚。

有人反驳我说："老师，但是现在有闪婚的情况，见面马上就结婚啦！"

我承认，或许时代在进步，有闪婚的人，但就算闪婚之后，男女之间还是要有一个相互了解的过程的，只是把了解的过程搬到婚后来做而已，还是得一步一步地说"Yes"。

我同意你可以加快，由于你在演讲的时间比如说 15 分钟，比如说 5 分钟，比如说 1 小时，比如说 3 小时，比如说 3 天，我同意你依照你演讲的不同时间，可能会有不同的步调，但步调再快，还是得一步一步走。

世界上最快的方法叫作按部就班，你还是得一步一步走；世界上最快

第一部分 "情景式演说"的基本功解析

的捷径叫作与人合作,一步一步走,让客户一步一步说"Yes",最后,"情景式演说"才能够达到你所想要的结果和目的。

本节阅读心得及行动方案:

一、_____

二、_____

三、_____

四、_____

五、_____

六、_____

八、"情景式演说"与一般的公众演讲最大的差别就是"结果"

公众演讲就是面对大众说话,凡是面对三个人以上,都可以称作群众,所以面对三个以上的人说话,并且演讲又要演又要说,代表着除了说话之外,还要配合自己的动作。公众演讲更加强调演讲的过程,而不是"情景式演说"所强调的结果。

"情景式演说"和一般的公众演讲的不同之处,在于"情景式演说"强调对大众说话的能力,是一种一对多沟通的能力。而沟通通往财富,大部分人之所以没有办法获取更多的财富,或者没有办法升官发财,甚至感情、婚姻、事业各方面出问题,都是因为沟通不良。

比如,人才会跑掉,就是因为老板和人才的沟通有问题;又如,没有办法让更多人加入你的团队,就是沟通出了问题;再如,婚姻失败,感情破裂,就是因为沟通有问题;复如,亲子关系处得不好,也可能是和孩子沟通不畅的问题。

沟通通往财富,而"情景式演说"比一般的沟通可能更难,原因在于要一对多沟通,不只是一对一沟通。有人说"情景式演说"真的很困难,有人在台下一条龙,台上一条虫,只要面对大家说话,就会两眼发直,两腿发软,四肢无力,全身颤抖,为什么会这样呢?因为一对一说话,你只要关注一个人,而一对多的"情景式演说",你必须关注很多人,更何况还处于不同的环境、不同的场合、不同的地方。

"情景式演说"与一般的公众演讲最大的差别,就是"结果"。

第一部分 "情景式演说"的基本功解析

在你发表完公众演讲之后,可能你自我感觉良好;可能老板跟员工训话,训完话之后,员工热烈鼓掌,频频点头,表示很认同的样子,但内心却是抗拒的,因为或许那是老板发话,不得不听。

公众演讲完之后,到底听众的感觉如何?有时候,就跟对客户的感觉一样,是说不准的;或许有时候,就跟对女人的感觉一样,可能她不会对你说真话,可能她所表现出来的并不是真正的想法。

"情景式演说"和一般公众演讲最大的差别,就在于是否能够得到结果。结果是什么?结果就是在发表完"情景式演说"之后,你所要达到的目的是否达到了。

缤纷灿烂的过程,比不上实际的结果,有时候,如果结果有问题,结果是错的,那么过程再美妙,也是有问题的。虽然享受过程也是一种快乐,但如果结果是错的,通常过程有可能也是有问题的。

很多教授、学者,他们有丰富的学问,很多老板拥有创业的经验,但是这么优秀的人才,这么优秀的朋友,这么优秀的学生,在我的课堂上,他们会和我说:"老师,其实你讲的我们听起来好像都懂,只是没有办法像你一样知道怎么表达,这是一个最大的问题,也就是我懂,但是我说不出来。"

各位,如果你的另一半和你说:"你怎么不知道我在想什么呢?我没说难道你就不知道吗?"

听完你真的蒙了:"你没说我怎么知道呢?"

那么你的客户、你的团队更是如此,你没说他们怎么会知道呢?你没说明白,他们怎么会知道呢?你没说清楚,他们怎么会知道呢?就算你说明白、说清楚,但是你没有让他们最后产生行动,又怎么能得到你所想要得到的结果呢?

说完之后,如果结果不如你所想象的,或者没有得到你所想要的,那么我们往后推这个结果,可能是因为过程出了问题,结果才会有问题。以终为始,用结果来推论过程,包括你在写演讲稿的时候,你在致辞、说话、做任何准备的时候，如果能够以结果来推算过程的话，那么和没有用结果来推算过程，其实是完全不一样的。

发表"情景式演说"，我们说要达到六个结果，我很具体地跟各位不止一次提到，如下图所示：

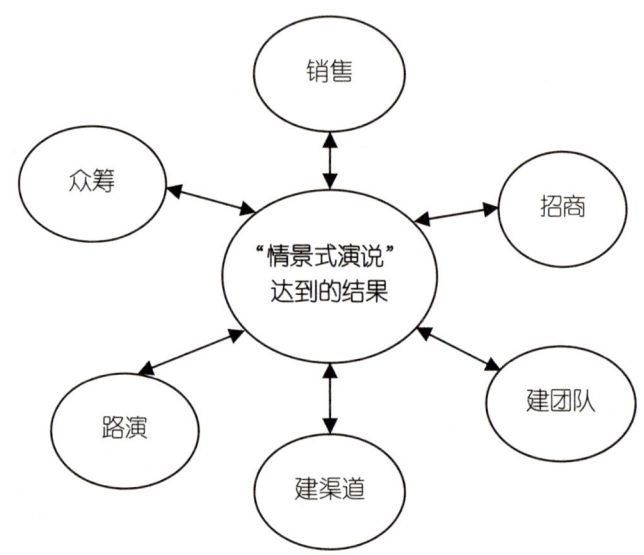

第一个结果是销售。销售就是卖东西，然后收到钱。"情景式演说"的第一个结果就是能不能在说完之后把东西卖出去，把钱收回来，这是一个非常具体的、明确的结果。

第二个结果是招商。招商和销售有什么不一样的地方呢？招商就是找人帮你卖东西，找人跟你一起卖东西。销售是你要找消费者，而招商你所要找的是经销商、代理商、经营者，这是不一样的。在你讲完 15 分钟的"情景式演说"之后，是否能够找到愿意跟你一起卖东西的人，他可能是你的代理商，也可能是你的经销商，这就是你所要达到的第二个结果，叫作招商。

第三个结果叫作建团队，在你发表完 15 分钟的"情景式演说"之后，

第一部分 "情景式演说"的基本功解析

是不是有人愿意加入你的团队呢？团队与群众最大的差别就在于：群众是一群人；团队是有共同的目标，要达到共同的结果，有向心力和凝聚力的一群人，我们才称为团队。

举个例子来说，有一群人，站在河流的那边，从三个人、五个人、十个人，越挤越多，他们在看河流的对岸，好像有栋房子着火了，大家走来走去，看那个着火的火源。

请问这群人是否称为团队呢？

答案当然不是，他们只是一群看热闹的群众而已。

在你发表完 15 分钟的"情景式演说"之后，你所要得到的结果是有人愿意加入你的团队，他们可能跟你一样有向心力、凝聚力，一样的目标、方向，所以第三个结果叫作建团队。

第四个结果叫作建渠道，渠道和团队又有什么不一样的地方呢？

我辅导过做餐饮、服装、美容店等这种开连锁店的企业，他们最需要的就是建渠道。

我在协助、辅导他们的时候，他们付高价给我。在举办活动的时候，发表"情景式演说"，讲个话就让大家把本来有十家店、二十家店的店招牌，换成他们的店招牌。

比如，有一个人开餐厅，有十家分店，而在你发表 15 分钟的"情景式演说"之后，他想把他的店招牌换成你的店招牌，那么你就成功地建立了渠道。

这就是建渠道，和建团队的差别就在于，你的演说对象，他已经有了自己的团队或者是他有些店、他有些名单、他有些客户。

第五个结果叫作路演，路演的英文是"Road show"，也就是说，想象你在马路上演戏，更明确地来讲，应该是说你要做些展示和解说。

比如，你是一个上班族、白领、高管，你要跟你的老板做路演，展示你接下来的计划；你是一个销售部门的主管，要跟客户做路演，展示公司的产品和发展；你是一个学生，要做路演，要作一些报告，这些都可以称为路演。

在你发表完 15 分钟的"情景式演说"之后，第五个你要的结果，就是你讲完之后，作了一场成功的、完美的、卓越的路演介绍。

第六个结果叫作众筹，众筹我们用大白话来讲，可以叫作募集资金。上市公司在作完公司的介绍发布会之后，为了让股东有信心，或者在新闻中播出，甚至在网络上发表，这样做可能会有更多人去购买他们的股票。

在我辅导、协助的企业里面，这一二十年来有好几家从一家小公司变成上市公司的企业，他们在上市之前、上市之后都发表了"情景式演说"，因为这样可以让他们得到更多的、合法的众筹和基金。

即使不是上市公司，可能也会采用类似众筹这样的形式和模式，现在有很多众筹网，你必须要在表格里、文字上做好你的项目介绍，而我们在这里所说的"情景式演说"，不只是在表格与文字上做好介绍，还需要用演说的方式大声说出来，说完之后让人们想把钱给你。

更明确地来讲，我们说一点大白话，"情景式演说"和一般的公众演讲最大的差别，就在于公众演讲说完之后，人们觉得很好，可能会鼓掌；觉得不好可能会离开，但"情景式演说"说得好人们可能会给你钱，甚至把人都给你，这就是和一般公众演讲最大的差别——结果。

本节阅读心得及行动方案：

一、_____

_____

二、_____

_____

三、_____

四、_____

五、_____

六、_____

九、批发大于零售，一对多大于一对一

记得在我 12 岁的时候，父亲做生意失败之后，我一天接六份差事，一天的时间我去摆地摊、挖下水道、发海报、做服务员、当陪小孩念书的陪读家教，甚至还去卖血。

虽然已经是好几十年前的事了，但我印象仍然非常深刻，更让我记忆犹新的是，我和母亲在台北的夜市摆地摊，去台北的火车站批发衣服、箱包、春联，还有其他百货。我们是过年卖春联，平常卖衣服，端午节卖箱包。

各位读者，如果你去过中国台湾的台北市，你应该知道，宝岛台湾的夜市非常出名。仅台北就有非常多的夜市，我就在各大小夜市上摆地摊。

当时为什么选择这样一份工作呢？

一方面，我休学了一年的时间；另一方面，由于当时家里没有钱，年纪太轻，才十几岁，初中都还没念，小学刚毕业没多久，于是只能跟着母亲去做不用本钱的小生意，而摆地摊，并不是不用本钱，却可以让我们先赊货，也就是先把货赊过来，卖了之后，月底再结账。

于是，我就这样跟着妈妈摆了好几年的地摊，五六年之后（当然第二年，我复学开始念初中，但还是下课之后去摆地摊），家里的情况不但没有改善，反而越来越糟，可能是本就入不敷出，也可能是父亲生病需要更多的费用，却让我发现了一件神奇的事情，是什么呢？

有一天，我和妈妈一起去批发市场批发衣服，发现批发衣服给我们的那家批发商已经不在原来的那个小店面了，他们搬到隔壁的一栋大楼去了。店面扩张了，变得更气派了，听说还是他们自己把它买下来的。

第一部分 "情景式演说"的基本功解析

我感觉非常纳闷,为什么我们摆地摊摆了这么多年,越来越穷,而他们批发给我们东西,几年之后却越来越富有?

过了多年,我开始思考和研究当时的状况,其实就在于他们将服装批发给我们,我们是经销商,我们拿去卖,而我们是一对一去零售,所以过了这么多年,我们没有赚到什么钱,反而负债累累。而他们呢,不仅批发给我们,还能批发给别人。我们一对一地零售,他们一对多地批发,当然是他们赚大钱!

这说明一个道理,批发大于零售,一对多大于一对一。

不管是公众演讲,还是做生意,你要思考的是,怎样一对多,而不要一对一。所以各位读者,请读到这里的时候,念出来:"从今天开始,不要一对一,选择一对多。"那会让你节省大量的时间,因为批发永远大于零售。

那么,如何进行一对多的沟通,如何在众人面前流利地发表讲话,如何通过演讲致富,等等。对于这内容,不知大家有没有兴趣?我想大多数人会感兴趣的,因为这是利用杠杆原理,花最小的力气获得最大的回报。

如果你一对一与人沟通,且100%地成功,那你一次只能影响一个人。如果你学会了一对多与人沟通,以一次100个人为例,成功率为50%,那你一次就可以影响50个人。这是一对一沟通的50倍。也就是说,一对一地沟通,在保证100%成功的情况下,你一次只能影响一个人;而一对多地沟通,即使只有50%的成功概率,你一次就可以影响50个人。

通过这样的比较,你觉得哪种方式能让成功来得更快些呢?显然是一对多地沟通。这种一对多沟通的"情景式演说",既是你出人头地的捷径,又可以让你更早地实现成功。

那么,你愿不愿意学好"情景式演说"这门学问呢?我想应该没有人会拒绝一种轻松致富的方式的。

特别是销售产品时,"情景式演说"可以说是一把利器。

某销售人员正在推销一件不知名的新式笤帚。当时，他在推介自己的产品的同时，在地上放置了很多不同类型的杂物，有废纸屑、铁钉、碎玻璃等。他邀请了几位台下的观众上台体验试用。一试用，很多在场的顾客对这个不知名的、外形设计一般的笤帚的清洁能力竟然大吃一惊。这种笤帚的清洁效果如此之好，而且价格还很便宜，于是大家纷纷购买。

活动现场的备货卖得大热，并且凭借着用户的相互宣传一举打开了当地的市场。就这样，一个展示的舞台，一地的废纸屑、铁钉，就帮那位销售人员赚到了 7 万元的订单，这大大超出了销售人员自己的预期。

此后，他每到一座城市，每在一个经销点举办销售会，都会如法炮制，而且每次都能奏效。

在顶尖的销售人员当中，若是只有一对一地面谈，成交率最高也只有 50%，假设你销售一套价值一万元的产品，可以领 15% 的佣金，也就是 1 500 元；若是一次只谈一个客户，要花 2~3 个小时，再厉害的 Top-Sales（顶级销售人员）也只有 50% 的概率会成交，不要忘记还有 50% 的概率不会成交！

若你能同时面对一个人以上作公众演说式的销售说明，同样花两个小时，就可能有 10%~30% 的成交率！也就是说，至少会有 10~30 人跟你购买，你可以在同样两小时的时间内，创造 1.5 到 4.5 万元的收入！不可思议吧！你的收入竟然可以瞬间提高 10 倍以上！

假设每个月多赚 1.5 万元，每年多赚 15 万元，10 年至少多赚 150 万元以上！

由此可见，"情景式演说"就是一种一对多的营销手段，只要你训练演说这门技能，就可以有成就卓越的业绩和非凡的事业。

本节阅读心得及行动方案：

一、_____

_____

二、_____

_____

三、_____

_____

四、_____

_____

五、_____

_____

六、_____

_____

十、放松也是一门能学会的功夫

在我的课堂上，有非常多的学生，他们有些是亿万富豪，有些是上市公司的总裁，有些是 CEO，有些自己就是老师，有些可能是微商团队的领导，有些是直销领袖，还有些是白领、上班族，什么样的人都有。

不同的人，却经常被同样的一个问题困扰。

有人问我："老师，我上过很多别的培训班，看过很多学习演讲的书籍，认认真真地准备演讲稿，逐字逐字地打字，一字不漏地背完，甚至我熬夜把演讲稿背了下来，因为我要讲一个小时，但是我准备了几个晚上的讲稿，写了一二十页，背得这么辛苦，一上台却全忘光了，最后讲的都不是我准备的内容。"

我问他："你对你的表现满意吗？"

他说："当然不满意，因为没有得到预期的结果，甚至我自己也不知道我在说什么。"

我又问他："那么，你觉得为什么会这样呢？"

他说："因为我一面对大家这么多双眼睛，我就好紧张。我觉得手在发抖，脑中一片空白，不知道该怎么办才好，可是老师我看你说话，好像在跟我们聊天，好轻松、好放松，我就是会紧张，怎么办呢？"

各位读者，我不知道你是否有过参加高考、考研究生、考博士的经历？是否有过在学校考试的时候，考得非常好，但是参加高考，却失常了呢？你的成绩比起平常在班上考试，差得很多很多。

第一部分 "情景式演说"的基本功解析

也有人跟我说:"老师,我在驾校学开车的时候,开得很顺利,但是最后到考试那天,就拼命轧线,分数都被扣光了。"

以上这些例子都可以告诉我们,其实只要能够放松,就可能会有比较好的表现,所以你要学会放松。有人问我:"老师,你讲得有道理,但我就是没办法放松,我就是看到大家眼睛盯着我,就会紧张。甚至有人教我,要把台下的人当成一个一个的萝卜头,但我觉得人就是人,怎么会变成萝卜头呢?所以,我还是没有办法放松,怎么办呢?"

其实,放松也是能够学习的一门功夫,是一门学问,也是一门课程。

你猜猜看,世界上最厉害的歌星,他们上台表演之前,会不会紧张呢?

你猜猜看,那位已经演了20多年戏的老演员,他会不会紧张呢?

你猜猜看,奥运冠军,他们上场比赛之前,会不会紧张呢?

你再猜猜看,洪豪泽先生演讲了一二十年,在全国各地,甚至世界各个国家,会有成千上万场不同的演讲,他会紧张吗?

答案都是会的。

关键是如何才能让自己不紧张呢?

首先第一件事,就是要把不紧张改成放松。

因为在潜意识里,不紧张还是有紧张两个字,就好像你说不要迟到,还是有迟到,要改成准时。在你大脑里面,要把紧张拿掉,改成放松,这首先是你要告诉自己的第一件事。

其次,你要运用一些科学的方法。

像在我的课堂上,我让学生开始比赛"情景式演说"的时候,我会帮助大家做集体的放松;就好像你去练瑜伽,教练会叫你先放松;就好像你去游泳,你要先做热身一样的道理。

这些都是让肌肉放松的方法。为什么下水游泳之前要先做热身呢?因为如果你没有热身,肌肉紧绷,你跳到水里面,紧张就会导致抽筋,所以对于游泳的人,这叫作暖身运动。对于演讲者而言,就是要在说话、公众演讲、一对多的"情景式演说"之前,也要学会放松。

在这里我会告诉你，到底什么是放松的好方法。

第一种方法，科学化的方法包含音乐。各位，是不是你听到某一段音乐，你就会感到非常放松呢？如果是的话，你要把这段音乐下载下来，在你上台之前，就放这段音乐，戴上耳机听这段音乐，它会让你的大脑放松，自然而然你就会有更好的表现。

现在我要请你写下会让你放松的六首歌，请你一一把它写下来。放松是一门能够学会的功夫，听音乐是一种放松的方法。

第二种方法就是运动。因为运动之后，人会产生一种比较放松的感觉。在跑步、游泳、瑜伽等健身运动之后，大脑会变得比较放松，因为大脑此时会分泌一种叫作脑吗啡的物质，而脑吗啡一释放，会让大脑有放松的感觉，一放松表现就会正常，甚至会超乎平常的表现。

第三种方法，录下你自己非常亢奋时候的言语或一些音乐，然后在你上台之前，放给自己听。各位，这个方法是我在美国学习到的，我称其为"让积极正面的你来鼓励消极负面的你"。每个人的一天当中，都会有高潮和低潮，就像每个人的一生当中，都会有高潮和低潮一样，如果你把它录下来，那么你就等于是用比较高潮的自己，来鼓励比较低潮的自己。

现在手机使用这么方便，录音这么简捷，通过音乐，通过让高潮时候的自己来鼓励低潮时候的自己，这些都是在你上台发表"情景式演说"之前很好的放松方法，而且不只是放松，还能够对你有激励的效果。

第四种方法，叫作榜样的力量。找一个能够让你感觉到对你有所帮助，帮助你放松，帮助你产生激励，帮助你有斗志，帮助你有更好表现的人，你可以跟他说话，打电话给他，听他的语音留言，看他的书。

有人就跟我说："老师，我每次上台之前，都会听听你的声音，听听你课程的录音，或者听听你的CD，或者听听你的"荔枝"FM电台里面的演说（因为我在荔枝FM6302560里面，有几百个几分钟的录音），拿出来听一听。"

甚至有些人会说："老师，我会拿起你的《生存力》这本书来看。"

第一部分 "情景式演说"的基本功解析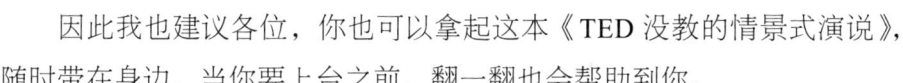

因此我也建议各位，你也可以拿起这本《TED没教的情景式演说》，随时带在身边，当你要上台之前，翻一翻也会帮助到你。

这些都是一些科学化的方法，也就是你找到一个人，找到一个方法，找到一个能够让他帮助你，不只是放松，还能够提醒你，激励你的人，在你发表"情景式演说"之前，能够听听他说话，看看他的书，能够做些运动，能够听听音乐，这些都是一些比较科学、简单，而且可以做到的实用的方法。

别以为别人表现得好是偶然的，其实，很多事如果不学，一辈子也不可能会，又怎么可能会做好呢？很多事如果没有人告诉你，你都不知道原来有些人之所以能够比你现在过得更好，之所以能够比你有更好的表现，之所以能够侃侃而谈，能够来去自如，能够享受财富，其实那都是学习来的。

我非常喜欢一句话——"学习可以改变命运"，而放松之后的"情景式演说"，可能会让这个演说有更好的效果，得到你所要的结果。所以，放松也是一门可以学习的功夫和学问。

本节阅读心得及行动方案：

一、_____

_____

二、_____

_____

三、_____

_____

四、_____

_____

五、_____
_____

六、_____
_____

十一、绝对简单有效的自我介绍及企业介绍版本

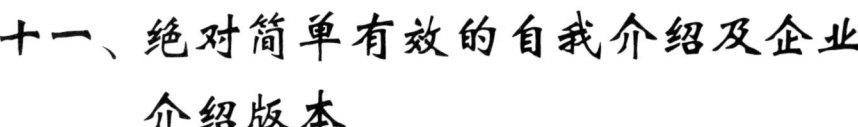

在这本书里面，我谈到了很多心态，当然也谈到了很多技巧。因为这本书各位可能要看一遍、两遍、三遍、四遍，甚至八遍十遍，所以我建议你随时带在身边，随时看，并且建议你最好给你的团队一人买一本，再给你的家人一人买一本。为什么？因为随时放在身边，当成你随时必须发表"情景式演说"重要的脚本和重要的范本。

但是，曾经有学生问我："老师，我上了课之后，发现我已经学到很多了，但有时候，我突然必须要作些自我介绍，或者是突然必须要作企业介绍，或产品介绍，我的头脑又一片空白了，请问有没有什么简单有效的方法可以让我随时可以非常清楚地知道怎么讲，就算不要讲那么完美，也能够应付当时的状况，甚至能达到一个不错的结果呢？"

当然有的，在这里我要教各位一个很棒的方法。

这个方法非常简单，你只要记住六个字：过去、现在、未来。

当你突然必须要发表一些"情景式演说"、作自我介绍，或是介绍公司、介绍产品的时候，你就想象着这六个字；当你没有写讲稿，不知道该怎么说的时候，你就记住这六个字。为什么呢？因为不管任何人都能够谈谈你的过去，说说你的现在，勾画你的未来。

我们举个例子简单地来介绍下：

曾经有人跟我说："老师，你辅导过很多大公司，你的学生很多是大

老板，但我们只是一些小老板，只开了一两家店，像我只开了一家美容店，员工只有我自己，这个时候公司很小，我该怎样发表'情景式演说'，怎么介绍自己、介绍企业呢？会不会我介绍完之后，人才都跑光了，客户也走光了？他们不相信我的公司，人才不相信所以不进来，客户不相信所以不买单，这个时候如果我去办个招商会，有三五个人，甚至有十个人，二十个人，我要怎么发表'情景式演说'呢？"

非常好的一个问题，我要回答这个问题。

"各位，请思考一下，如果你现在大学毕业两三年、三五年，你会想去大公司上班，还是去小企业上班呢？你会想去有规模的公司上班，还是一个初创公司上班呢？"

我在调查这个问题的时候，包括有时候我去大学演讲，我就问很多学生，你们想去大公司还是小公司？各位你们猜猜答案是什么？

答案就是两种都有。

有些人举手说，我要去大公司。我问他为什么，他告诉我说，大公司稳定有发展，可以学到很多东西。

我又问选择小公司的人，为什么要去小公司呢？他们说小公司比较有前途，比较灵活，比较有可能像加入 18 年前的马云的公司一样，未来可以成为亿万富翁。

你看，两者讲得都有道理，没有好坏差别。也就是你不要妄自菲薄，不要认为自己工作的公司很小，就没有自信；不要认为你现在没有钱，就没有信心；不要认为你现在的状况不好，就看不起自己。

当你在发表"情景式演说"的时候，你不要去骗人，必须真实地去跟大家讲你的过去是什么？

像我在还没有做得很好之前，还没有很多人认识我之前，我就明白地跟大家讲："我来自中国台湾，现在没有人认识我，因为我的过去，家里没有钱，但是我曾经努力地学习，而现在是我今天第一场演讲，所以，我

第一部分 "情景式演说"的基本功解析

相信在未来三年、五年、十年,我要把我在中国台湾创业失败的三次经验,还有去美国跟世界第一名学习的经验,整理成一套一套的好的学习内容,跟各位企业家说明和报告,让大家能够得到最新的资讯。虽然我刚刚到中国大陆没多久,这也是我的第一场演讲,但是,我相信我把最好的分享给大家,因为我去美国学了好多很棒的资讯,包括自己的亲身体验,在中国台湾有失败与成功的经验,我相信在未来会有一场演讲、一万场演讲等着我,但这是第一场,所以我给大家比较优惠的价格。"

上面我举的这个例子,是我在十多年前刚刚来中国大陆演讲的第一场,我并不避讳。

我说:"或许我还没有像很多老师在中国大陆这么有知名度,这么有经验,可能我还不了解中国大陆的一些风俗习惯,虽然咱们都是中国人,但是两岸可能会有不一样的风俗习惯,我并没有去避讳,也没有去隐瞒,更不会去说谎,因为诚实是最好的武器。"

我谈到未来,谈到我的优势,所以各位,如果你的过去,不管是辛苦还是快乐、好与不好,都可以谈谈你的过去,而你的现在,是什么样的状况,你也可以说说,找出自己的优势、优点,而未来你会达到什么样的结果,你有什么样远大的目标,也可以在"情景式演说"的时候作个发表。

不管你在谈产品、谈公司、谈事业、谈未来,记得说说你的过去,谈谈你的现在,勾画你的未来。不小心忘记的时候,你就用这三个原则、三个大纲不断练习。我相信,你可以一次又一次作出更好的公众演讲、"情景式演说"。

本节阅读心得及行动方案:

一、_____

_____

二、_____
_____

三、_____
_____

四、_____
_____

五、_____
_____

六、_____
_____

第一部分 "情景式演说"的基本功解析

十二、锻炼自我心像

演说和演唱差了一个字,演唱是唱歌,唱歌可以感动人心,而演说可能改变人的命运。

这两个词都有一个"演",也就是要加上肢体动作。

现在非常流行跨界,当然我也跨界,不只是成为一位演说家、作家,自己做生意,还是一位小老板,我也跨足音乐事业,用我公司的名字来写成一首歌,去MV演唱,为什么呢?因为这两个基本上是很像的。

当你上台面对群众说话的时候,你必须在你的内心里面塑造一个自己的形象。就算你现在不怎么成功,也要有一个比较成功的形象;就算你现在不怎么富有,在你的内心里面,也要有一个比较富有的形象;就算你现在很害怕说话,在你的内心里面,也要有一个侃侃而谈,辩才无碍,说话非常清楚,表达能力非常强的自己。

各位读者,看到这里我就让你想象,在你的内心里面,有一个可以侃侃而谈,能够在 15 分钟之内,不管在任何地方、任何场合,可以因人、因时、因地、因主题,发表"情景式演说",一对多公众演讲,达到销售、招商、建团队、建渠道、路演、众筹六大结果的演说高手。

我要你想象在你的内心里面,有一个这样的人,就住在你的内心。但有人就告诉我说:"老师,你说得很容易,我们做起来好像没那么简单,怎么办呢?我还是做不到,又怎么办呢?"

这个就是所谓的自我心像。这里我给自我心像下一个定义:自我心像就是自己对自己的看法。我们简单来讲,可以叫作自信心。

有些人自我心像太高或太低,并不是因为他很成功或很失败。有些人自信心不足，不是因为他很贫穷或很富有，也不是因为她很漂亮或很丑陋。

比如，有些人很富有，但是他很没有自信。在我的学生里面，有些人已经是亿万富翁了，但是他对自己很没信心；我的学生里面有一个人，她是一位非常漂亮的美女，但是她看起来非常没有自信。这些都是自我心像有问题，所以你要锻炼自我心像。

记得在十多年前，我去美国学习销售、催眠、领导、谈判、沟通、管理、团队、系统等各种不同学问的时候，我学到一个如何锻炼自我心像的方法，应该说是如何提高自信心的方法。

只有自信心提高了，自我心像提高了，才可能有更好的、优于平常的表现，就算你上台面对太多的人，多到你无法想象，你都会有比平常更好的表现，因为你的自我心像够高。

自我心像够高，要怎么去锻炼呢？

你要"想象、假装、当作、就是"。

首先你必须要想象，我经常跟大家谈到，想象你的内心住了一个巨人，这个巨人非常有肌肉，他非常健壮，他可以打败怪兽、打败恶魔，还可以击碎很大的石头。怪兽、恶魔、石头就是困难、挫折、阻碍，就是害怕、恐惧、犹豫。你现在要想象，想象得越逼真，你的内心就会有一种潜意识告诉你，你所想象的其实就是真的。

你不仅要想象，还要假装。假装那个巨人已经非常伟大，伟大到可以帮助你，让你可以非常顺利地发表"情景式演说"。这里你要把自己当作那个巨人，最后你就会真的是了。

"想象、假装、当作、就是"，这是四个很重要的步骤，因为想象得越逼真，假装得越逼真，当作的就越逼真，最后你就会真正地变身成那个巨人。当然这需要不断地练习，这是有科学根据的，包括在我的书里。在我的课堂上，我都会直接来协助学生做这样自我心像的提升。

我从小可能就是一个比较没有自信的人，主要原因来自我休学，而且家里的情况也不好，所以对自己缺乏自信。我的自信心是很低的，但是通过学习，通过不断地锻炼自我心像，今天才能够站在讲台上侃侃而谈，才能够到处去演讲，甚至我的很多学生比我更富有，更成功，他们虽已是大老板，还是要跟我学习怎样建立团队、怎样复制团队、怎样建立系统、怎样谈判、怎样沟通、怎样演讲、怎样销售、怎样成交，一切来自在我的内心这个自我心像的巨人比他们的还要更大。

你要不断地锻炼自我心像，通过我刚才所说的方法，那么，可能你就会有越来越大的巨人住在你的内心里，当你上台，当你发表公众演讲、"情景式演说"的时候，就会有更好的表现。

我经常在上海举办课程，当然在全国各地，包括其他国家也有，但是我每一季、每一年总要在上海办好几次课程，为什么呢？

因为我都会告诉来自全国的朋友，上海是一个全国的金融中心，应该说是全世界瞩目的焦点。

当然每个地方都有每个地方的好。比如，你可以偶尔去一下杭州，感受西湖的美丽；你可以偶尔去一下北京，感受庄严的北京城；你可以去南方的深圳、广州，感受一下创业的精神；当然你也可以偶尔来一下上海，感受上海的商业氛围，这是一种能量。

如果你能够经常让自己去感受一些地方、认识一些人、参加一些活动、去一些课程的现场，来提升自己的能量的话，那么对于你的自我心像锻炼是有绝对帮助的。甚至你可以出国走一走，去一个你感觉能量较强的地方，去接近能量比较强的人，去参加能量比较强的培训班，看类似《TED没教的情景式演说》这样能量比较强的书，都会锻炼和增加你的自我心像，帮助你在公众演讲、"情景式演说"的时候发挥得更好。

本节阅读心得及行动方案：

一、_____

二、_____

三、_____

四、_____

五、_____

六、_____

十三、词汇具备伟大的力量

如果以前你只对一个人说，那么只有一个人收到，而你现在学了公众演讲、学了"情景式演说"，你要对一百个人说，甚至对一千个人说，不管是你的员工、你的团队、你的伙伴，或者有时候通过线上，肯定有更多人，包括来自世界各地的人，可能通过直播频道看到你，那么你就不是只跟一个人说了，你要特别小心你说的每一句话。

当你在通过一对多公众演讲、发表"情景式演说"时，你的遣词造句，你所说的每一个字、每一句话，不是让别人感觉越来越好，就是让别人感觉越来越差。人不是离成功越来越近，就是离成功越来越远。

发表公众演讲、"情景式演说"，不是离结果越来越近，就是离结果越来越远。我们所说的结果，我不断地强调、不断地谈到销售、招商、建团队、建渠道、路演、众筹。

因为词汇具备伟大的力量，你所用的每个词，你都要问自己，到底对别人有没有帮助，到底你所说的每一个字词、每一句话是有力量的，还是没有力量的？是软弱无能的，还是对别人有价值的？

很多词汇具有魔力，在销售时，使用这些词语，会增加感染力，调动客户的情绪，促成交易。不说"买"，要说"拥有"；不说"卖"，要说"参与""帮助"；不说"生意"，要说"机会"；不说"消费"，要说"投资"；不说"很便宜"，要说"很经济"；不说对方是"客户"，要说"服务对象"；不说"你的反对意见是什么"，而说"你的疑惑是什么"……

你可以写演讲稿，可以不断地念，可以不断地看书，可以不断地参加活动，或许你的目的不是要把演讲稿背下来，而是要经常练习用哪些字。

在你说话的过程中，用哪些字才会缩短你所要得到结果的过程，而不是用反的字。用反的字就会得到反的结果，用正的字就会得到正的结果。

中国人为什么说"祸从口出"？

因为你所说的话，可能会变成灾害，但相反的，你所说的话，也可能变成金科玉律，也可能像诸葛孔明一样，可以舌战群雄。所以，词汇具备伟大的力量，在你说话之前，思考一下你用这个字词、用这段话到底是越来越好，还是越来越差？

世界上最优秀的口才大师和演说家都拥有五个信念：

第一，相信自己。自信是一种潜意识，如果你想用最短的时间，去帮助最多的人，那个工具就是演说。点亮自己，照亮别人。

第二，影响力。在这个世界上，谁有说服力、感召力，谁就有主动权和发言权。

第三，善于学习。很难想象，一个不喜欢学习的人，怎么去教别人。

第四，喜欢自己。要想让别人喜欢你，你首先要喜欢自己，一个连自己都不喜欢的人，怎么还奢望别人喜欢你呢？

第五，伟大的人生使命，我们生命的目标是什么？一个优秀的讲师在传授知识对人的价值。

有人类的地方，就有语言，就会有演说。大到代表国家到联合国去演说，小到朋友聚会、喜庆迎娶的演说，一个人的生活和事业的优劣成败决定了你无法拒绝"演说"。

本节阅读心得及行动方案：

一、_____

_____

二、_____

_____

三、_____
_____

四、_____
_____

五、_____
_____

六、_____
_____

十四、永远要知道"情景式演说"就是要让听众知道价值大于价格

我们知道，发表公众演讲、"情景式演说"，要以结果为目的，要以终为始达到六大结果——销售、招商、建团队、建渠道、路演、众筹，但如果对方不买单，听众不理你，学生不理你，听的人没感觉，甚至纷纷离去，怎么办？

当然有很多方法，从一开始的时候我们就提到做催眠测试，你会不会引导听众说"Yes"的过程等，还包括放松，但是，最重要的就是你要得到的结果，有没有让听众感觉到价值大于价格。

举个例子，我还要开设一门课程，也要出一本新书叫作《情景式销售》，谈的是如何销售、如何成交。

在这个课程和书里面，我会谈到客户之所以会跟你买东西，不是因为你的产品价格低不低、高不高，而是因为他认为价值比价格更大。相反地，如果客户不跟你买东西，就是因为他认为价值比价格更小。

当价值大于价格的时候，听众选择留下来鼓掌、加入团队、购买产品、和你合作，甚至给你钱。但是，当听众走掉，当大家没反应，当你得不到结果的时候，并不是因为你讲得好与不好，也不是因为天气好不好，麦克风好不好，重点是因为你所说出的话，有没有让听众感觉到价值大于价格。

第一部分 "情景式演说"的基本功解析

不管你是卖东西也好,招商也好,找团队也好,重点不是太贵,而是价值不够,人们永远不会没时间,只有我到底为什么要去你的团队,有没有足够的价值?人们永远不会不想拿出钱来,也不存在有没有钱的问题,永远只有一个问题,叫作到底价值够不够大。

当台下的听众没反应、冷漠、冰冷的时候,通常大部分是因为价值不够。

在你发表"情景式演说"时,无论你要达到六大结果的哪一个,你都要写下为什么价值大于价格的十个理由、二十个理由、三十个理由,甚至一百个理由。不管是在一对一地销售,或一对多地发表"情景式演说",都必须要让别人知道,价值为什么大于价格!

就像各位读者朋友,你买《TED没教的情景式演说》这本书,可能只有几十元人民币而已,但是,我认为它是我花几十年以来,跟几十个世界第一名学习,自己几次企业破产及成功的经验,加上我去美国的机票、住宿,再加上教学,几百万元甚至更多的学生通过线上、线下听我的课,包括有人说我是中国最贵的顾问,辅导这么多企业,并将其中的精髓总结成一门最重要的课程,更把它变成一本书,叫作《TED没教的情景式演说》。而你只花几十块钱就把它买回去看了,看完之后,如果你能用得好,那对你帮助太大了。

以上这些,叫作让听众知道价值大于价格。

你必须具体地列出你的价值有多大?具体地说出价值有多少?具体地列出到底为什么别人要在你讲完之后,让你得到你所想要的结果?

通常我的演讲,或者课程的开设,都会有PPT,有图、有音乐、有文字,为什么?因为我要问自己,在我发表这堂课,在我"情景式演说"的时候,是不是让听众真真切切地知道,原来他所付出的价格,远远低于我所提供的价值?

你也要不断地强调,不断地跟自己确认,不管你是在卖产品,还是你

053

在招商，还是你想要别人加入你的团队，还是你想要很多团队、很多渠道成为你的渠道，甚至你想要做一个好的展示路演，或者是你想要募集更多的资本，你都必须要让价值远远大于价格。

本节阅读心得及行动方案：

一、_____

_____

二、_____

_____

三、_____

_____

四、_____

_____

五、_____

_____

六、_____

_____

十五、企业的成功就是培训的成功

在我 27 岁那年，我在一家公司担任业务主管，当时我带了好多的业务员。后来那家公司不做了，于是我带着这些业务员——也就是我底下的团队，出来创业，开公司。

我刚刚创业的时候，并不像现在一样，以演讲、开班授课为公司主要的收入来源，而是我代理了很多产品，在帮别人做销售，也就是我是很多产品的代理商。那个时候在中国台湾，我的公司开始做得并不好。

因为"隔行如隔山"，我的团队转型本来就非常困难，所以我在我的课程"复制 CEO"，以及在其他书本里面，也提到转型必须要有具体的方法、科学的方式才能够成功，不然，就算是微小的转型，也很容易导致全盘皆输。尤其是时代不断地进步，我们经常需要面临转型，甚至有时候要开疆拓土，要在新的区域发展，要到新的国家，要上线新产品，都是一种转型的过程。

当时年纪还轻，一开始的时候，几乎半年到一年的时间，我一下子就把赚到的钱全部赔光了，还负了债。如果你用一样的方法，怎么可能得到不一样的结果呢？要怎么样才会有不一样的方法，除了你坐时光机可以看到现在，回到过去，更可以看到未来，除了这个方法之外，那么最好的方法就是"前事不忘，后事之师"，买别人的经验，也就是我们所说的花钱学习，交学费。

我知道人生没有后悔药，千金难买早知道，我没有办法坐时光机回到过去与看到未来，但我能够借用别人的经验，让自己减少摸索的道路，这也是一种节省时间，而时间又大于金钱，所以等于是一种赚钱的方法。

当时就是因为我不断地学习，经过一年多的时间，在我28岁的时候，我的公司越做越好，在中国台湾开了好多家分公司，有好多的员工，那时候我所做的并不是培训，要知道我并不是靠教育培训为公司的业务收入来源，而是在贩卖别人的产品。但我认为，其实那个时候我做的还是培训，什么意思呢？应该说是我所培训的是自己内部的同人、员工、团队，但培训内部的团队是不收费的，培训之后我们产生业绩，赚取产生业绩的盈余，还有利润。

　　我在课堂上经常说，任何行业都是培训行业，任何人都是培训老师，就算你认为你是在开餐厅，其实你的餐厅和别的餐厅比起来，到底能不能做得比别人更好，重点不在于你餐厅的口味好不好，而在于你培训员工的能力强不强？如果你是在做美容，重点不是你的产品有多好，而是你的团队训练强不强？如果你是一个微商团队，所比的也不是到底你的产品是不是有多么神奇的功效，而是团队培训成不成功？

　　就算你做的是传统的事业，是各种不同的行业，所比的也都不是那个行业本身，因为有好的产品、好的项目是成功的基本条件，决定性的因素还是人。一个团队与另外一个团队的差别，就在于一个团队的训练和另外一个团队比起来，谁比较成功？

　　松下电器的老板松下·幸之助说过："我做的不是电器，而是培训，顺便卖点电器而已。"一个当妈妈的培训成功，小孩就会有出息；一个当老婆的培训成功，老公就会顾家；一个当老板的培训成功，公司团队就会有凝聚力和向心力。

　　企业的成功就是培训的成功。现在已经进入产品过剩的时代，你的产品没有办法比别人好一点，但是你的培训可以比别人的好一百倍，因为你的产品没有比别人的好一百倍，所以你的业绩没有办法比别人的好一百倍，但是你的培训比别人的好一倍、两倍、三倍……不用到一百倍，可能业绩就是别人的一千倍。

　　企业的成功就是培训的成功，而在培训里面，有一环很重要的就是我

第一部分 "情景式演说"的基本功解析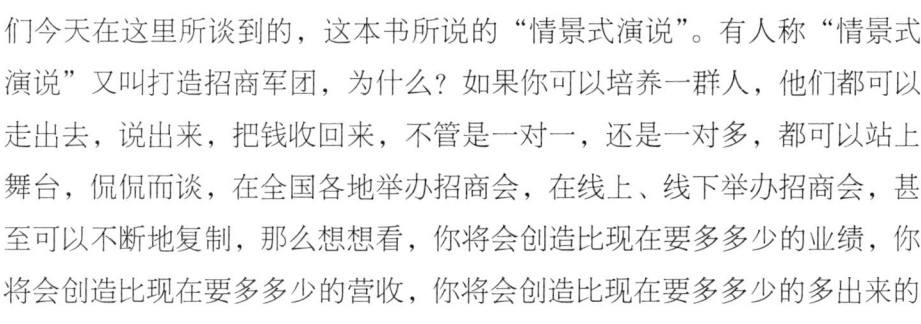

们今天在这里所谈到的,这本书所说的"情景式演说"。有人称"情景式演说"又叫打造招商军团,为什么?如果你可以培养一群人,他们都可以走出去,说出来,把钱收回来,不管是一对一,还是一对多,都可以站上舞台,侃侃而谈,在全国各地举办招商会,在线上、线下举办招商会,甚至可以不断地复制,那么想想看,你将会创造比现在要多多少的业绩,你将会创造比现在要多多少的营收,你将会创造比现在要多多少的多出来的时间呢?而时间大于金钱,这就等于你赚到了更多的钱。

你应该跟团队一起来学习这门功夫,它叫作"情景式演说",在我的课堂上经常有人带整个公司的人来学习,甚至带上游厂商、下游厂商,另一半家人团队一起来学。他们告诉我说:"老师,我们自己教,还不如交给你一起来教。"

我非常建议、鼓励大家一起来学习这门学问,不管你是不是跟我学,你都要学会一对多的公众演讲、"情景式演说"。企业的成功就是培训的成功,而相反地,企业如果失败那就是培训的失败。

本节阅读心得及行动方案:

一、_____

_____

二、_____

_____

三、_____

_____

四、_____

_____

五、_____
_____

六、_____
_____

第二部分

"情景式演说"的实际运用技巧

有人经常问我:"学习如何才能落地?"学习的最终目的是学以致用,是在现实情境中如何演说?作为"情景式演说"的教练来说,要以帮助客户口才成长为中心,而不过多表现自己。语言是训练的结果,同时训练的有效性取决于长期性和一致性。确保我们每个学员收获成果最大化的方式就是长期的坚持训练。

"情景式演说"要突出重点,你的说话若是没有说到点子上,还不如不说!因为那些无关紧要的废话,既没有实际的意义,听众也会对你的观点感到茫然不解,根本抓不住你话题的中心,这样不但会使听众对你的话失去兴趣,而且你的观点也不可能令他们信服和接受。

十六、15分钟内要达到销售目的的"情景式演说"

发表"情景式演说",我们强调在15分钟内,主要是因为人们没有太久的耐心。

不管在线上还是线下,你一定要亲自弄出一个标准的以销售为目的的"情景式演说"的演讲稿,时间就控制在15分钟以内,达到的结果就是销售。

销售,在这里我们帮它下一个定义,就是把东西卖出去,把钱收回来。不管你所销售的是有形的产品,如电视机、房子、汽车、麦克风、地毯,或者是无形的产品,我们也称它为服务,如会员卡、一个疗程,不管是任何东西,销售的结果和目的就是要在15分钟的"情景式演说"发表完之后,得到最后的结果。

销售就是把东西卖出去,然后一定要把钱收回来。

为什么我在这里强调,不只是把东西卖出去,还强调把钱收回来呢?因为在我的另外一门课程和一本叫作《情景式销售》的书里面,我谈到很多的销售员之所以没有办法有好的业绩,就是因为他们太天真。他们天真地认为客户说"这产品不错""这服务挺好的,我以后一定会来买""我一定要再到你的店里面来"是真的,于是苦苦地等,等到花儿都谢了,等到头发都白了,等到春天过去,夏天过去,秋天过去,冬天都过了,一年后这个人还是没有来。

殊不知,很多客户所说的话,大部分只是客套话而已。"有机会一定来""下次再联络",这并不是真的会下次来,或是还要再联络的一句话,

第二部分 "情景式演说"的实际运用技巧

而是一句客套话,甚至连客套话都不是,这就是拒绝你的话。

在《情景式销售》一书中,我谈到千万不要相信客户的客套话,因为可能这就是直接拒绝的一句话,所以你不要去粉饰太平,台下的听众,他的表情可能是微笑的,他可能双手举起来鼓掌,但内心很有可能不认同。

有人问我:"老师,到底怎样才叫认同呢?"

不管是在"情景式销售"中,还是在"情景式演说"中,我不断地强调,结果才是最好的广告,缤纷灿烂的过程比不上实际的结果。当客户把人给你,或是把钱给你的时候,那才是代表真正的认同。有时候他给你人、给你钱,都不见得是 100%的认同,可能只是因为当时的现场气氛非常好,当时的氛围很棒,所以他捧捧场,或者是他瞬间表示支持你,但后来他其实觉得,他也不怎么支持,这都是有可能的。

当你在发表"情景式演说"、公众演讲的时候,你在 15 分钟之内所要达到的目的,在第一个销售里面,必须要做到第一件事,就是把东西卖出去,把钱收回来,也就是你要设计这样的一份讲稿。

在这里强调两个重点:一个是 15 分钟内,另一个是达到销售的目的和结果。这样的公众演讲、"情景式演说",对你才算是有用的、有帮助的。

十七、15分钟内要达到销售目的的一句贯穿15分钟的话

马丁·路德·金是一位领袖，他最著名的一篇演讲叫 I have a dream，下面截取了他的一部分演讲稿：

我们不要陷入绝望而不可自拔。朋友们，今天我对你们说，在此时此刻，我们虽然遭受种种困难和挫折，我仍然有一个梦想，这个梦想深深扎根于美国的梦想之中。

我梦想有一天，这个国家会站立起来，真正实现其信条的真谛："我们认为真理是不言而喻，人人生而平等。"

我梦想有一天，在佐治亚的红山上，昔日奴隶的儿子将能够和昔日奴隶主的儿子坐在一起，共叙兄弟情谊。

我梦想有一天，甚至连密西西比州这个正义匿迹，压迫成风，如同沙漠般的地方，也将变成自由和正义的绿洲。

我梦想有一天，我的四个孩子将在一个不是以他们的肤色，而是以他们的品格优劣来评价他们的国度里生活。

今天，我有一个梦想。我梦想有一天，亚拉巴马州能够有所转变，尽管该州州长现在仍然满口异议，反对联邦法令，但有朝一日，那里的黑人男孩和女孩将能与白人男孩和女孩情同骨肉，携手并进。

今天，我有一个梦想。

我梦想有一天，幽谷上升，高山下降；坎坷曲折之路成坦途，圣光披

露,满照人间。

这就是我们的希望。我怀着这种信念回到南方。有了这个信念,我们将能从绝望之岭劈出一块希望之石。有了这个信念,我们将能把这个国家刺耳的争吵声,改变成为一支洋溢手足之情的优美交响曲。

有了这个信念,我们将能一起工作,一起祈祷,一起斗争,一起坐牢,一起维护自由;因为我们知道,终有一天,我们是会自由的。

在自由到来的那一天,上帝的所有儿女们将以新的含义高唱这支歌:"我的祖国,美丽的自由之乡,我为您歌唱。您是父辈逝去的地方,您是最初移民的骄傲,让自由之声响彻每个山岗。"

如果美国要成为一个伟大的国家,这个梦想必须实现!

让自由之声从新罕布什尔州的巍峨的崇山峻岭响起来!

让自由之声从纽约州的崇山峻岭响起来!

让自由之声从宾夕法尼亚州的阿勒格尼山响起来!

让自由之声从科罗拉多州冰雪覆盖的落基山响起来!

让自由之声从加利福尼亚州蜿蜒的群峰响起来!

不仅如此,还要让自由之声从佐治亚州的石岭响起来!

让自由之声从田纳西州的瞭望山响起来!

让自由之声从密西西比的每一座丘陵响起来!

让自由之声从每一片山坡响起来!

当我们让自由之声响起,让自由之声从每一个大小村庄、每一个州和每一个城市响起来时,我们将能够加速这一天的到来,那时,上帝的所有儿女,黑人和白人,犹太教徒和非犹太教徒,耶稣教徒和天主教徒,都将手携手,合唱一首古老的黑人灵歌:

"自由啦!自由啦!感谢全能上帝,我们终于自由啦!"

在这个演讲里面,有一句为达到演说目的的一句话"我有一个梦想",同样,在发表"情景式演说"时为达到销售目的的一句话——一句贯穿分钟的话。这句话,就好像广告词里面的slogan(口号)一样,你必须要在15分钟的、以销售为目的的"情景式演说"里面,有一句这样的话,这句话是你15分钟的讲稿里面出现频率最高的。

包括我们在接下来的内容中所谈到不同目的的结果,都必须在15分钟的演说里面有这样一句话。达到销售目的,就是要把东西卖出去,把钱收回来,你这句话可以是刚才的"I have a dream"。

比如,马云先生不断地谈到他在演讲里面的一句话,也就是他公司的使命,叫作"让天下没有难做的生意",当然现在很多人都盗用类似这样一种感觉的一句话,但如果你这句话取得非常好,说得非常好,那么就会让听的人在15分钟内,就算他忘掉了你说的所有的话,但会强烈地记得你这句话就是你的slogan(口号)。

第二部分　"情景式演说"的实际运用技巧

十八、阐述没购买的痛苦

人之所以会产生行动，有两个很重要的因素：一个叫作追求快乐，另一个叫作逃离痛苦。

我们先来谈一谈什么是痛苦？

一个人产生行动的因素之一，是因为他有一种"我受够了，我再也不想受这种痛苦了"这样的感觉。

比如，有人已经结婚好多年，但最后离婚了，就是因为他到最后已经无法承受那段婚姻之中的痛苦，真的承受不了了，才会去作这样的一个决定。

为什么有些女人会减肥？

因为她本来一直希望自己变瘦，但是没有一个足够的理由，让自己产生行动。如果她最爱的人不希望她肥胖，希望她减肥，但仅仅靠爱情的力量也没法让她行动。然后在某个场合、某种情景，这个男人决定离开她。面对失去自己最爱的人，让她感觉到一种痛彻心扉的痛，于是她决定开始减肥。

在 15 分钟的"情景式演说"中，你必须要去阐述两极化的方法，让一个人产生行动。我们知道，必须要让别人把钱拿出来，或者把人给你，那才叫真正地达到"情景式演说"的结果。

为什么人们愿意付钱呢？

请阐述没有购买的痛苦，才会让人们"付钱止痛"。如果有人正犯头疼病，已经痛苦得受不了了，旁边有一间药房在卖头痛药，我相信这个时候就算头痛药的价格高出市场价格三倍，这个人还是会购买的。如果他还是不买，很可能是因为不够痛，如果痛到已经快要死了，我相信甚至高出六倍的价格他也会购买。

不是在伤口上撒盐，不是痛上加痛，而是逃避痛苦，于是付钱止痛，就是必须要购买的很重要的原因。

我曾经问一些人，为什么要付这么高的学费来学习我的课程？

有人告诉我说："老师，我过去做生意失败，赔了几十万元，但是我觉得学费七八万元、八九万元好贵。后来我不愿意去学习新的方法，没有改变，我再去做生意，又亏了几十万元。再后来，我又来听你的课，看你的书，发现课程更贵了，所以我更不愿意来学习了。然后我再去做生意，这次亏掉了几百万元，再然后我就决定，花几万块钱来学习，比起亏钱，这个学费其实很便宜的。"

在第三次之后，为什么他来学习我的课呢？

因为在三次之后，他亏掉了更多的钱，才发现交给老师的学费，总是比交给市场的代价要更低。有时候我会举这个例子，有些人听懂了，他就觉得，"那我要付钱，因为我想止痛"。如果早学，那么就可以得到更多避免走弯路的方法，因为人没有办法走一样的路和得到一样的结果。

在你 15 分钟的销售演讲、"情景式演说"中，你可以运用这样的方式，列出别人不跟你购买会产生的十个、二十个痛苦，甚至更多的痛，让他再次作决定。

第二部分 "情景式演说"的实际运用技巧

十九、阐述购买后的快乐

迪士尼乐园曾经发生这样一件小事：

一名员工在乐园主道上扫地，一位游客上前询问哪里有冰水。这名清洁工没有办法丢下手边的清洁机器，于是，指引游客到对面的饮水机。

游客一转身，这名清洁工看到饮水机旁边正好站了一名销售人员，于是用无线电对讲机通知对方。等到那名游客走到对面时，销售人员已经端着一个纸杯迎上来说："您想要杯冰水是吗？"游客惊讶得说不出话来。正是这种让人惊讶的服务，使得游客重返乐园的概率极高。

你的销售业绩怎样呢？让客户感到快乐吗？

让客户产生消费的愉快感和再消费感，这正是销售服务的目标。要实现这个目标，关键是服务能否做到不仅让客户对商品满意，更能让客户在精神上获得真正的感动，无疑，多体贴客户，多为客户着想，才能更好地吸引客户，拉近与客户的距离，增强客户的满意度。

只阐述痛苦还不为过，你还要阐述购买后的快乐。

当别人觉得很痛苦，痛苦得不行了，痛不欲生了，到最后，可能他觉得，"那我算了，我生意不做了行吧，我不跟你学了可以吧，我不购买你的产品可以吧！反正那么痛苦，听起来好难过，所以我不要了"。

如果你只是描述痛苦，那么痛苦的力量虽然大，却没有快乐的力量来得久。

痛苦的力量很大，快乐的力量很久。

为什么叫很久呢？因为人们会因为达成某一些目标，以及逃离某一些痛苦，而产生某些行动，在 15 分钟以内购买你的产品。但是，要让人们持续购买，必须让他知道，持续购买之后会产生哪些快乐。

面对顾客，你首先要去研究他们最大的问题是什么，然后找出最好的解决方案。请记住，在"情景式演说"中，你一定要提供给别人解决问题的方法，一定要提供给别人如何去做的技巧。

顾客会付钱给你，只有两个原因：第一个是追求快乐，第二个是逃离痛苦。逃离痛苦的力量远比追求快乐的力量强大，所以你不是要告诉别人跟你做生意有什么好处，跟你合作可以得到什么快乐。而是要强调，如果没有你，他的问题有多大、多难以解决，最后他可能付出比现在跟你做生意大 N 倍的代价。当你把一个人的痛点找出来后，我相信任何人都愿意现在花一点小钱来解决大问题，而不会为了现在能省一点小钱给未来造成大损失。

所以，你要当一个善于为别人解决问题的情景式演说者，这样的演说才能为你带来财富。而让顾客跟你做生意的方式就是，先挖掘别人的问题，扩大别人的问题，更要会解决别人的问题。

第二部分 "情景式演说"的实际运用技巧

二十、现在马上行动的六大好处

在这里,我强调"现在马上行动的六大好处",这句话非常重要,几乎没有一个"赘"字,因为"现在""马上"都标榜着你必须马上去做、现在去做。各位,你是否有过去百货商场逛街,看到一个喜欢的东西,但最后你想吃完饭再回来买,最后你就没买这样的经历呢?

我相信每个人都有这样的经历,为什么这么说呢?可能因为已经走太远了,肯定不会回来了,可能因为孩子在吵,可能其他的任何原因,你觉得反正这件事没做也不会怎么样。不够痛苦,没有什么大的损失,所以你就不买了。对客户而言,可能损失一个产品,但对卖家而言,可能损失了一个客户,所以没有办法让客户马上产生行动,很有可能对方就后悔了或不要了。

你必须在 15 分钟的"情景式演说"中,很清楚地让客户知道为什么现在必须马上行动。在这里我教你写下"现在马上行动的六大好处",不管你卖的是什么产品,有形的或无形的,这里面可以包括给你一个比较低的价格,或是提供一个比较好的服务,或是提供一个什么附加价值,或者是拥有一个很棒的赠品,甚至它是限量的等,所以你在发表"情景式演说"时,最后一定要记得让客户马上行动的六大好处。

为什么是六大好处呢?在我的课程里面,每堂课我讲完,都会让我的学生写下上一堂课你学到的六个重点,就像我们在这本书里面,每点我都让各位写下六个重点一样。为什么呢?因为这样做不但可以训练整理能力和自己头脑的思维能力,还可以训练自己的逻辑能力和总结能力,并且可以训练自己说话有重点、容易表达清楚、别人都容易听懂的能力。

训练自己做任何事都能够归纳总结出六个重点,这也是在"情景式演说"中、在表达上、在沟通中非常重要的一个关键。

二十一、下达极重要的购买谕令与动令

谕令：告诉（待会儿请你们举手时维持 3 秒）。

我告诉你们一个动作待会儿配合我。

动令，马上行动（所以现在请举手）。

给行动时间：给台下的人有时间去做你要求的事（举直、举快、举高、举 3 秒）。

台上的人要知道，台上的人说得再清楚，台下的人也有没听清楚的。台下的人经常恍惚。台上的人要注意台下这样的人，而且经常会有。

第二部分 "情景式演说"的实际运用技巧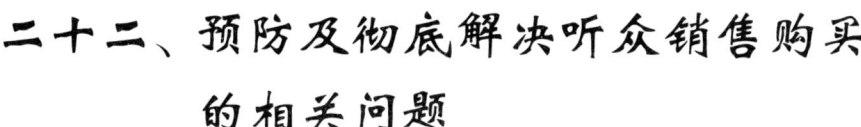

二十二、预防及彻底解决听众销售购买的相关问题

"预防及彻底解决",注意,这里我们既谈到了预防,又谈到了彻底解决,请各位读者朋友把"预防"和"彻底解决"这几个字特别重视起来。

什么是预防呢?

预防就是防患于未然,就是在事情还没有发生之前,就把问题解决掉。在问题还没有发生之前,就把问题解决掉,会让问题变小。面对问题,问题解决一半;逃避问题,问题增加一倍。

为什么很多商场、办公楼都需要放消防设备呢?因为防患于未然,所以防火器宁可不用,也不可不备。我们宁可不发生这样的问题,但也要在可能产生这个问题之前,把这个问题提出来,并且彻底地解决。

什么叫彻底解决呢?

在这里,我提供一个很好的方法,请各位记住四个字,叫作"自问自答"。何谓自问自答呢?就是自己先假设听众会有什么问题,不管是购买你的产品,还是购买你的服务,然后在台上面对大众,把这个问题直接提出来,甚至写在白板上做成PPT,然后讲出来。假设你就是一个购买者或消费者,并且你在假设完你是购买者和消费者之后,自己把答案彻底地讲完,但是要确定台下听众是否听明白了。

举例来说明一下,你在卖一台电脑,其实你是在进行一场"情景式演说"。

在卖电脑的过程中,你必须要提出来的问题,也就是你认为客户可能

会有的问题。比如,市面上这么多品牌电脑,为什么我要买你家的呢?

其实我们的电脑和别的厂牌有些不一样的地方,所以要买我们的电脑,第一个原因是……第二个原因是……

讲完六点,接下来还要谈到,而且你可能会想到的问题是:

第一,你们厂的比别的厂的贵。

第二,售后服务怎么样呢?

第三,它的容量和处理器效果如何呢?

……

对,也就是你要假设客户的问题,不要粉饰太平,不要以为没人问就没问题了,因为你拿着麦克风,你发表一对多的"情景式演说",必须要考虑到,假设客户可能会问的问题,并且在他问之前,就把这些问题解决掉。

你是一对多,对方来不及问,别人来不及说,但你不能假装听不到,别以为你蒙住耳朵就听不到,遮住眼睛就看不见,"情景式演说"的高手必须要把眼罩拿掉,把耳塞拿掉,眼观六路,耳听八方,预防还要再三彻底地解决听众关于销售方面的购买问题。

销售目的的"情景式演说"——阅读心得及行动方案:

一、_____

_____

二、_____

_____

三、_____

第二部分 "情景式演说"的实际运用技巧

四、_____

五、_____

六、_____

二十三、15分钟内要达到招商目的的"情景式演说"

在这里,读者朋友可能会看到,不管是销售、招商、建团队、建渠道、路演、众筹,我们书里面所写的架构是一样的,但我仍然要再度提出来,作出不一样的说明。

价格虽然一样,但内容不一样。

你要学习如何作公众演讲、"情景式演说",必须要把架构学起来,而细节就是要把举例、故事,还有内容再填上去。

这里要说的是,在15分钟内达到招商为目的的"情景式演说",我再次提醒,第一个重点是15分钟,也就是你的讲稿设计必须在15分钟内。

各位想想看,如果你可以设计这样的讲稿,喜欢这样的讲稿,并且不只你自己学会,还训练你的团队,十个、二十个、三十个、五十个、一百个、三百个、五百个、一千个、两千个、三千个、五千个,全中国,甚至世界各地,在线上、线下都学会这样标准化版本的招商"情景式演说"的话,那么请问经过一天、两天、三天、五天、十天、半个月、一年、两年、三年之后,线上、线下、全国、全世界,你会增加多少业绩呢?

捧起这本书,如果各位彻底地看清楚,并且推荐你的团队、伙伴一起看的话,大家一起作总结,那么经过三年之后,可能你所得到的好处是你买这本书的一万倍甚至十万倍以上,你说是吗?

在这里,我再次提醒——15分钟,你只有15分钟的时间,假设你的人生就是要在这15分钟之内达到招商结果的"情景式演说",这是第一个时间的限制。

谈到招商,各位是否还记得,销售和招商哪里不一样呢?销售是卖东西,把东西卖出去,把钱收回来,得到结果;而招商就是有人帮你一起做刚才的工作,一起做销售的工作。

如何招商,在目前国内很流行的一个词语叫作合伙人,你要找很多的合作伙伴、团队成员和你一起做这样的一件事情。

假设你有一个人,你只能讲一次,你有两个人就可以讲两次,在同一个时间,你有四个人就可以讲四次,你有八个人就可以讲八次,在同一个时间,你有十六个人就可以讲十六次,在同一个时间,你有多少人就可以在同一时间在各个不同的地方讲多少次。

用的时间是一样的,但是讲的次数是不一样的,量大是致富的关键,量大是制胜的关键。时间是一样的,并没有多,但讲的人多了,面对的听众也多了,当然概率变大了,业绩变大了,成交率变高了,收入变多了,这本书教给你的方法就值得了,你说对吗?

本节阅读心得及行动方案:

一、_____

_____

二、_____

_____

三、_____

_____

四、_____

_____

五、_____
_____

六、_____
_____

第二部分 "情景式演说"的实际运用技巧

二十四、15分钟内要达到招商目的的一句贯穿15分钟的话

达到招商目的的"情景式演说",仍然是15分钟。其实15分钟是一个不多不少、让人可以聚精会神的时间。

美国的TED演讲论坛里面,每一位演讲者大概都是讲15分钟,现在很多人可能还通过线上演讲,或者通过很多直播的APP平台,说不定接下来我们招商式的"情景式演说",有可能在未来会通过不管是中文、英文、日文、法文、德文、西班牙文等各种语言,都在线上15分钟以内发表演说,这都是有可能的。

时间仍然要控制在15分钟以内,而招商和销售的差别在于,销售是卖东西,也就是客户给你钱,而招商是找人帮你卖东西,所以是找到跟消费者不一样的不同类型的人,他叫作经营者,也可以叫作经销商,或者是代理商。他不但要认同你所卖的产品与服务,把钱给你,还要把你的产品和服务推广出去,推广给更多的人。

你不能只得到他给你消费的金额,也就是钱,你更需要得到他的心。如果他认同了你的产品和服务,他就会更努力,更用力,更有胆识,甚至更有底气地去跟别人谈你的产品和服务。

当然在这个时候,你必须要有完整的招商制度,也就是你必须要让别人知道跟你一起招商到底对他有什么好处,并且跟他成为别人的代理商有什么不一样的地方?但你的"情景式演说"仍然要有一句贯穿15分钟的话,依照你所招商的内容,设定不一样的15分钟的话。

这就是 15 分钟内要达到招商目的的依据，贯穿 15 分钟的话。而这句话，可能你在 15 分钟的公众演讲里面、15 分钟的"情景式演说"里面会经常提到，让人们印象非常深刻，因为这句话而想把心交给你，甚至想搬到你家旁边，搬到你公司附近，跟你一起干活，跟你一起把你的产品或服务推广给更多的人。

第二部分 "情景式演说"的实际运用技巧

二十五、阐述没跟你一起合作的痛苦

没有购买的痛苦,就是没有跟你买东西到底会有多痛苦。在这里我们所谈到的,是没有跟你一起合作到底有多痛苦?

比如,有很多我的合作伙伴、代理商、经销商,在全中国各地,他们跟我一起来,邀请更多的学生,到我的课堂上课。我的教学包含《情景式演说》《复制CEO》《情景式销售》《勾魂夺魄的行销保证班》《热情效益力量》,包含众多管理、领导、企业谈判、行销销售、生涯规划等课程。

我很多的代理商,以及很多的经销商,他们去跟别人介绍我公司产品和活动的时候,都会谈到我们的公司、我们的课程。

洪豪泽先生的课程,可以帮助你的企业打造一套可以持续获利的系统。

"打造一套可以持续获利的系统",可能就是我在当时找到很多协助我一起推广我的课程《复制CEO》,包括我的书本,一句重要的贯穿15分钟的话,所以当我讲着讲着,我就会提到打造一套可以持续获利的系统。因为如果你只是赚钱,那么可能你这一秒赚钱,下一秒就不赚钱了,如果你可以持续获利的话,那么就可以持续产生利润,持续赚钱。

人生不是只比起点,还要比终点;不要只赢在起跑线上,还要赢在终点。持续获利比短暂的获利更重要,而如何持续获利呢?就是要能够打造一套可以持续获利的系统,这就是我当时在招商的时候,协助很多我的学生、我的听众,甚至我的合作伙伴,在我演讲里面的一句重要的话,叫作"打造一套可以持续获利的系统",这是我当时贯穿15分钟的一句话。

各位读者、各位朋友,你贯穿15分钟的话是什么呢?

这句话不可以太长,要在几秒钟之内说完,并且要在15分钟的公众演讲、"情景式演说"里面，重复不断地提到至少六次到八次，甚至更多次，让别人知道这句话就是整个 15 分钟的总结和精髓。在这里你所要做的是帮助别人，听完之后愿意跟你一起来推广你的产品和项目或者是服务，所以现在也请写下你的那句贯穿 15 分钟的话。

没有跟你一起合作推广你的产品项目的痛苦是什么？会有哪六个痛苦？

比如，会没有办法让别人得到更好的生活，会没有办法让别人得到健康，会让很多市面上的消费者买到假产品、不好的产品等。你要依照你的产品、项目、服务去设计出哪六个重点。

很多人讲话不清不楚，语焉不详，让别人不知道你想讲什么。最主要的原因，就是因为他讲话太拖、太长，或者是太短。

本节阅读心得及行动方案：

一、_____

_____

二、_____

_____

三、_____

_____

四、_____

_____

五、_____

_____

六、_____

_____

二十六、阐述一起合作后的快乐

痛苦的力量可以让别人产生行动,快乐的力量可以让别人持续跟你一起做事。你可以找到愿意帮你持续招商,持续成为代理商、经销商的人。

一起合作之后会有多快乐呢?

比如,你可以设定一些具体的奖励方案,达到什么目标,你招待什么样的旅游;达到什么样的目标,你给予多少的回馈;达到什么目标,你给予更多的、具体的、实际的,或者是现实的奖杯、奖励等。

一起合作之后,会有什么样的快乐,我要请你具体地把它列出来。

本节阅读心得及行动方案:

一、_____

二、_____

三、_____

四、_____

五、_____

六、_____

二十七、现在马上行动一起合作的六大好处

大部分人是需要别人帮他作决定的，不管是买东西，还是做一个项目。

现在你所发表的"情景式演说"，需要别人跟你一起做一个项目，一起协助推广一个产品或者是一项服务，你必须让他知道，现在马上行动，记住是现在，而且是马上行动，一起合作的六大好处又是什么？

比如，第一点可能是你给予一个什么样的优惠，一个什么样的进货成本的降低等六个好处。

记住，当人们犹豫不决、裹足不前、怕东怕西、模棱两可的时候，这个时候就需要你帮他作决定了。人是喜欢别人帮他作决定的，人之所以喜欢别人帮他作决定，是因为他怕作错决定，只要你让他知道这个决定是正确的，而且拥有哪六大好处，那么就可能会帮助他，现在马上立刻行动。

二十八、下达极重要的招商谕令与动令

什么是谕令，什么是动令呢？在这里，我要非常清楚地说明，招商谕令和动令，各位请把"谕"和"动"这两个字写下来。

"谕"就是告诉，"动"就是行动。比如，3分钟之后，请你站起来，拿起这本书。这句话叫作谕令。也就是我告诉你，这个动作不是马上做，是3分钟之后才做。

什么是动令呢？就是3分钟到了，我说："好，现在站起来，把这本书拿起来。"这叫动令。

很多人在发表公众演讲、"情景式演说"的时候，把这两个概念混在一起，让听众没有办法清楚地明白到底他什么时候应该怎么做，导致听众没有办法按照他所要的结果、所设定的结果去行动。这是一个非常重要的事，叫作"下达极重要的招商谕令与动令"。

"下达极重要的招商谕令与动令"，所谈到的不仅仅是让他去做，而且在做之前，必须告诉他在多久时间以后要采取什么样的行动，把这个在公众演讲也好，销售也好，招商也好，演讲者很容易出现的让台下的人搞不清楚到底应该怎么做的问题的根源弄清楚。

二十九、预防及彻底解决听众招商的相关问题

招商跟销售一样，我们所要解决问题最好的方法，就是在问题发生之前，把问题解决掉。所以必须要去设定，人们想要跟你一起，成为你的合作伙伴、代理商、经销商，可能会产生什么样的问题？然后你列出 3～6 个，并且提出问题，然后找出答案，还要彻底解决，确认听众是否已经了解、相信并认同你的问题，如果还不了解、不认同、不相信，那你就没办法采取让他去行动的方案。

招商目的的"情景式演说"阅读心得及行动方案：

一、_____

二、_____

三、_____

四、_____

五、_____

_____

六、_____

_____

三十、15分钟内要达到加入你团队目的的"情景式演说"

"情景式演说"的结果进行到第三个（第一个是销售，第二个是招商，第三个就是建团队），也就是要让别人不是成为你的代理商，而是成为你团队中的一员。

因为代理商和团队最大的差别，就在于代理商可能代理很多家产品，而加入你团队的人只能卖你的产品，他专属于你的团队，跟你有共同的目标和方向，销售一样的产品，做一样的项目，而且他只有你一个对象，你要达到这样目的的"情景式演说"。

团队和招商不一样，团队只卖你的产品，只做你的项目，只提供你的服务，而代理商可以拥有很多的产品，很多的项目，很多的服务，可以同时经营，这就是最重要的差别。

你还要记得，达到建团队为目的的"情景式演说"的公众演讲，时间依然是15分钟。

一个团队的伟大并不是由于某个成员的伟大，而是他们作为一个集体的伟大。正如海尔的张瑞敏所说："就单个员工而言，海尔员工并不比其他企业优秀，但能力互补、具有良好团队合作精神的'海尔团队'的确是无坚不摧的。"

团队精神的体现，就是在具体工作中密切协作。一个团队中，如果成员们彼此齐心协力，分工协作，就容易实现团队的目标；倘若互不合作，即使做好本职工作，也会各自为政使得整个团队如同一盘散沙，团队就很

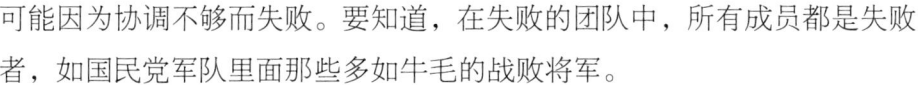

可能因为协调不够而失败。要知道,在失败的团队中,所有成员都是失败者,如国民党军队里面那些多如牛毛的战败将军。

拳头之所以要比手指更能伤人,是因为拳头是由五个手指攥紧而成的;一只脚站立很容易跌倒,所以我们有两只脚;一种药物的治病效果有限,所以我们几种药物并用。中国人民解放军为什么能够百战不殆,就是因为他们具有团结协作的集体主义精神。

一滴水是微不足道的,整个大海却是无限的。员工的力量是有限的,集体的力量却是巨大的。团结就是力量!

三十一、15分钟内要达到加入你团队目的一句贯穿15分钟的话

15分钟一直是这本书在教导读者的一个主轴,你必须要有一篇15分钟的演讲稿。

我记得在我"情景式演说"线下开班授课的时候,中途有很多次,我会让学生们走上讲台,一二十个人为一组,同时我用码表计算,加上有音乐的干扰,十几分钟,所有的人一起把他们15分钟的讲稿在台上大声地讲出来。

你可以想象这是一个多么乱糟糟的场面。

为什么要这么多人同时上台呢?

一开始的时候,有学生说:"老师,音乐好大声,而且旁边有干扰,我们很难记住和说出我本来准备的讲稿。所以可不可以把音乐关掉?可不可以不要这么多人同时上台?"

我说:"当然不可以。"

为什么呢?

因为15分钟是主轴,在这个主题里面,我们所谈的是你要在15分钟以内,让人们想加入你的团队,未来你在带团队的过程中,你觉得会不会有很多干扰呢?未来你在吸引人才的过程中,你觉得会不会有很多其他的公司、其他的团队也想要吸引你想吸引的人才呢?你在说话的时候,发表15分钟"情景式演说"的时候,你觉得有没有可能在任何情况下,你必须

要上台说话，吸引人才呢？

可以说 21 世纪企业之间的竞争，很可能就是一个抢人才的竞争。

你的团队与别的团队的差别，在于你的团队比别的团队拥有更多优秀的人才，因此我故意把音乐放大声来干扰你，我故意把很多人叫上台，大家一起讲来干扰你。你必须不受他们影响，必须不受音乐影响，不受旁边人的影响，这样才叫"情景式演说"。不然的话，那只是一般的演说而已，就无法达到这个效果了。

在我的课堂上，我会让好多学生上来练好几次。

第一次，我会提供一个大家一起用的主题，所有人所说的主题是一样的。

第二次，我会让大家把自己的产品、自己的公司、自己的服务做成讲稿之后上来讲。因为台上太吵了，音乐太大声了，而很多学生在台下，他们有时候会被某一个人吸引。所以你可以看到有些人，把台下的学生都吸引到他那边去；而有些人，讲一讲，甚至讲哭了。这些都没有关系，因为这都是成长的过程。

不管你讲得好与不好，我都会协助你再度进步。但我让你做到的是"情景式演说"，而不是一般的公众演讲。你要在任何情况、任何地方、任何场合，用现场的环境达到你所想要的结果，这就是建团队，也就是让别人想加入你团队的过程。

在这里，你仍然要设计一句 15 分钟里面最常讲的一句话。比如，有人说，"到我的团队来，可以享受掌声与喝彩，希望与荣耀"，讲着讲着，又再度讲，"到我的团队来，可以享受掌声与喝彩，希望与荣耀"。或许一开始的时候，就是"到我的团队来，可以享受掌声与喝彩，希望与荣耀"，因为某某某原因，而中间讲了很多次，最后又用这句话结尾。

类似这个意思，就是在 15 分钟以内贯穿，让你的团队拥有更多人才，吸引更多顶尖人才加入团队最重要的 15 分钟。

三十二、阐述没加入你团队的痛苦

一个人产生行动的动机,要么追求快乐,要么逃离痛苦。

在我们的日常生活中,除非你不去想"希望"和"绝望"这两个词,一旦你想到"希望"和"绝望"这两个词,你想的更多的是你生活中绝望的一面。可以说我们生活的 80%～90% 是由绝望组成的,而你保持精神不垮就是要从这种绝望中找到一线希望。

俞敏洪高考三年才考上大学。就在准备第三年考大学的时候,俞敏洪的笔记本上出现了这句著名格言——"在绝望中寻找希望,人生终将辉煌",这次俞敏洪考上了北大。

在北大六年没谈恋爱,还得了肺结核,在北大教书,什么成就也没有,接着联系美国学校,三年半没有一个美国大学给他奖学金。最后还被北大加了个一级行政处分。

为了挽救颜面,俞敏洪不得不离开北大,这时俞敏洪突然发现人生带了点走投无路的感觉。生命和前途似乎都到了暗无天日的地步。俞敏洪觉得老天对他是如此地不公正,他认为他这个人很不错,为什么让他受如此之多的苦难和绝望?但正是这些折磨使俞敏洪找到了新的机会。

后来他发现,之所以经历这么多的波折,之所以最后去不了美国,是因为冥冥之中有一个新东方学校在等着他。

尽管留学失败,他却对出国考试和出国流程了如指掌;尽管没有面子在北大待下去,他反而因此对培训行业越来越熟悉。正是这些,帮助他抓住了个人生命中最大的一次机会:创办了北京新东方学校。

第二部分 "情景式演说"的实际运用技巧

如果当时俞敏洪马上出国的话，他也不会想到去办一个民办学校，俞敏洪说道："可以说我们生活的 80％是由不如意和绝望组成的，而你的精神之所以不垮，就是因为在绝望中还保留着希望的种子。"

新东方的整个创办过程就是从一点点的希望做起，最后不断扩大希望的过程。黑人领袖马丁·路德·金这样说过："我们要从绝望的大山中砍出一块希望的石头。"请记住：绝望是大山，希望是石头，但是你只要砍出一块希望的石头，你就有了希望。

一个人可以在生命的磨难和失败中成长，正像在腐朽的土壤上可以生长出鲜活的植物。土壤也许腐朽，但它可以为植物提供营养；失败固然可惜，但它可以激发我们的智慧和勇气，进而创造更多的机会。只有当我们能够以平和的心态面对失败和挫折，我们才能有所收获，才能变得成熟。而那些失败和挫折，都将成为生命中的无价之宝，值得我们在记忆深处永远珍藏。

我们知道，让别人产生行动，就要让他要么追求快乐，要么逃避痛苦，或者兼而有之。当别人痛苦的力量足够大时，他就会离开现在的团队，而到你的团队来。

21 世纪是一个抢人才的时代，你的公司拥有比别人更多的人才，那么你就会赢；如果你的公司拥有比别的公司更少的人才，甚至是人才流失的速度非常快，那么你的公司就会面临危险。

虽然我们没有办法确定一个人进入你的团队，就会跟你在一起一生一世，我们没有办法去评断未来，但我们可以去努力现在。只要他曾经在听完你的公众演讲之后，或者 15 分钟的"情景式演说"之后，他感觉到，他不能再待在现在的地方了，他不能再待在现在的环境了，他不能再待在现在的团队了，因为有太多痛苦。

你一定要列出待在目前的环境，不改变会有多么痛苦的六点。

第一点可能是没办法进步，第二点可能是成长太慢，第三点可能是没有办法让家人过好的生活，第四点可能是没有办法让孩子、让另一半过好日子……

这些都是阐述没有成为你团队痛苦的一个重要的关键，也就是在伤口上撒盐。

马上加入你团队的好处及方案：

一、_____

_____

二、_____

_____

三、_____

_____

四、_____

_____

五、_____

_____

六、_____

_____

三十三、阐述加入你团队的快乐

在充满挑战和机遇的商业社会，人们很容易走入个人英雄主义的误区。然而，单枪匹马独闯天下的时代已经过去，从没有一个公司或个人靠自己的力量就能完成所有的事。成功不只青睐有准备的人，更眷顾那些懂得如何将人才团结起来的人。

把别人从其他团队拉出来，并且再把他扯进你的团队，这样"一拉一扯"，你就可以拥有更多的人才。

我们不断地谈到，21世纪比的是谁拥有更多优秀的人才，一个公司是否成功，更多地取决于它的软件，而不是它的硬件。

软件最重要的其实就是人才。

一个地方的房地产会不会上涨，也在于这个地方是不是涌进更多的人，以及涌进更多的人才。

痛苦的力量很大，但快乐的力量很久。

加入你的团队，能够得到什么快乐呢？

比如说没顾虑地去玩，比如说你会努力工作，比如说你会拼了命地去赚钱，但是会拼了命去享受，还会努力地去做更多的好事、善事等。加入你团队的快乐是什么，一样是六点，正是现在马上加入你团队的六大好处及方案。

马云创业的时候，初期的50万元启动资金是18名员工一起凑出来的，十多年过去后，这18个人无论职位高低，岗位如何调整，没有一个人从阿里巴巴流失。

这种特别的凝聚力是马云独有的特征之一。究其原因，就是马云极具煽动性的口才魅力。阿里巴巴创业第一天，马云就进行了鼓动人心的演讲，他说：

第一，我们要建立一家生存80年的公司；

第二，我们要建设一家为中国中小企业服务的电子商务公司；

第三，我们要建成世界上最大的电子商务公司，要进入全球网站排名前10位。

"生存80年""世界上最大的电子商务公司"，这样的语言，非常容易激发起人们的创业激情。它可以把人类内心深处想要成就一番事业的欲望充分激发出来，促使人们不顾一切地投入追求创业成功的道路上来。

马上加入你团队的好处及方案：

一、_____

_____

二、_____

_____

三、_____

_____

四、_____

_____

五、_____

_____

六、_____

_____

三十四、现在马上行动加入团队的六大好处及方案

假设一个人没有办法马上作决定,那么可能接下来就会后悔了。即使他作了一个决定,仍然有可能会后悔,但如果不作决定,那么人都是有惰性、有弱点的,又会出现什么结果呢?

为什么很多人有一个习惯,持续了好几年,但是没有办法改掉呢?为什么有些人知道要做一件事,但是好几年也不去做呢?比如说运动,比如说戒烟,比如说减肥,那就是因为不知道为什么一定要现在马上去做。

你必须要给你的听众一个马上加入你团队的六个好处,比如说成为你的代理商,比如说成为你的经销商,比如说成为你的合作伙伴,他可以马上拥有什么样的好处,动之以情,晓之以理,诱之以利,有哪六个具体的方案呢?

你是否可以做出PPT,放出音乐,讲述具体的好处和具体吸引他的地方。不管在于名、在于利、在于健康、在于贡献,到底哪一个吸引他不一定,但是你必须说出来。

他也可以待会儿再做,为什么必须现在马上就做呢?他也可以明天再做,为什么必须现在就做呢?

对的,在你想说为什么他要马上加入你团队的时候,你的着重点必须在马上,为什么不能待会儿,为什么就是这一秒,为什么不是下一秒?下一秒跟这一秒比起来,有什么样重大的好处呢?可不可以限时呢?可不可以限量呢?可不可以限金额、限名额来争取呢?这些都是你在写讲稿、发表"情景式演说",让别人加入团队的时候,必须要做的重要的事。

三十五、下达极重要的加入团队的谕令与动令

很多台上的演讲者,很多对团队或对群众发表演说的人,99%都讲得非常好,让台下听众感觉也非常好,最后却没有办法得到好的结果,为什么呢?

最重要的原因,仍然是他不知道应该要把谕令跟动令分开。

我们说谕令就是告诉他接下来会发生什么事,而动令就是告诉他现在就要发生什么事。

谕令与动令,这两者的差别在于,一个是接下来,另一个是现在。你必须要在台上告诉台下的听众说,5分钟以后我要你采取行动,并且要你立刻采取行动。

接下来你可以再讲5分钟刚才所说的六大好处,时间到了,马上就采取加入我团队、填写履历表或者是填写报名表的行动,立刻开始。

可以把"立刻开始"这四个字用虚线画出来,为什么呢?因为这就是一个很重要的指令,这叫作下达指令,下达明确的指令,让别人加入你的团队。

三十六、预防及彻底解决听众现在马上加入你团队的相关问题

好口才的标准是什么?说得通俗一点就是说出听众真正想听的东西,牢牢地吸引住听众的注意力,并成功地说服他们。总而言之,就是让自己的话走进听众的内心。如何走进听众的内心?这就需要打开听众的心门,开启对方心中的"锁"。俗话说:"一把钥匙开一把锁",说话者要做到的就是找到正确的钥匙。

许多人说话提不起别人的兴趣,甚至让人反感,就是因为没有找到通往他人心灵的钥匙。这就是谈话、推销、演讲等语言活动失败的原因。

比如,当你发表完"情景式演说"之后,人们觉得太好了,想要加入你的团队;再如,你去招聘,演说完之后,台下听的人觉得太好了,他们在大学毕业之后,竟然能够得到一个这么好的机会,或者是他们想要转业,想要换岗,竟然能够得到一个这么好的岗位,这么好的公司和团队的机会。

那么在他决定要去做,而你刚才又下达了指令之后,这样还是不够的,因为人往往会因为快速产生行动,接下来会出现矛盾,然后就会后悔。

当他一边踩油门,一边踩刹车的时候,这个人才在你的团队就无法发挥作用,甚至有些人说好、约好要到你的公司来面试,甚至来你的公司上班,也会有不来的。可能因为家人觉得太远了,另一半觉得应该选另外一个工作,因此而损失掉一个优秀的人才。

这个时候你必须要假设：

你的团队可能目前具备哪些问题，提出来让对方知道，也告诉听众答案。每一个团队都是有问题的，每一家公司都是有问题的，每一个人都是有问题的，没有人是完美的。

比如，你的公司距离市区很远，你就要先跟台下的听众说，到时候你们来上班，可能会觉得公司很远，因为要换两次地铁，还要坐两次巴士才能到，但是我们在一年后预计搬到市区，现在在郊区比较大，有好处有坏处，这也是机会，因为事多、人少的地方出人才，我们要快速提升很多优秀的人才。

这就是你解决问题及预防问题的方法，以上的例子就是这样的一个方法。

你必须要列出六点你公司可能会有的问题，并且彻底地解决，把优点扩大，把缺点变成优点，化劣势为优势，化危机为转机，化腐朽为神奇。

建团队目的的"情景式演说"阅读心得及行动方案：

一、_____

_____

二、_____

_____

三、_____

_____

四、_____

_____

五、_____
_____

六、_____
_____

三十七、15分钟内要达到建渠道目的的"情景式演说"

什么叫建渠道呢?

渠道就是他目前已经拥有了一些团队,或者是他已经有了一些店,而你要他在听完你的 15 分钟演讲之后,能够变成你的公司、你的团队,甚至卖你的产品,成为你的合作伙伴、你的一分子。

建渠道也就是我们常说的招商。

招商作为一种最具中国特色的营销手段,已悄悄改变了无数中国企业的命运。因为能快速回笼资金、组建渠道及借用关系。招商更已成为众多服装企业青睐的香饽饽,很多招商订货会为服装企业创造销售奇迹立下了汗马功劳。

事实上,招商是基于资源整合的目的,利用经销商在当地市场的资金和网络资源,实现产品销售,其优势是通路建设速度快,加快了产品市场的渗透速度,争取竞争先机,同时销售网络的建设和维护成本相对较低。

招商并不是单独存在的个体行为,在策划和实施一场成功的招商会之前,我们需要先考虑在什么情况下招商、招商应该说什么、招商应该特别准备什么、采用何种进度模式招商等一些问题,需先树立起正确的招商观念,然后才能探讨如何进行招商,只有这样我们的招商会才能够行之有效,我们的招商活动才有成功的基础。

很多代理商将市场推广的希望寄托在招商上,在自身没弄明白自己代理品牌的产品市场销售情况下,寄希望于一招就灵,寄希望于加盟商。当

第二部分　"情景式演说"的实际运用技巧

然，如果运气好了还可以，运气不好就会损失惨重。并且随着加盟商越来越"精"，任您说得天花乱坠，一般加盟商都不会相信。如何让加盟商相信，又如何做到心中有底，取决于代理商样板市场的测试与建立。

一切语言都有可能是虚假的，唯有事实是可信的。

所以，在招商之前，代理商最好能建立自己的直营样板店或加盟样板店：一方面可以了解产品在市场中的表现，检验推广方案的可行性，以及在推广中可能出现的问题，及时进行调整与完善；另一方面建成一个样板店，让加盟商眼见为实，只要您样板店成功，有谁会拒绝这样的赚钱机会呢？

同时建立样板店也是代理商自身积累市场经验，并指导加盟商成功开拓市场的一个捷径。在自己还没有对代理品牌的推广了如指掌之前，最好不要迫不及待地招商。否则，败多胜少。

三十八、15分钟内要达到建渠道目的的一句贯穿15分钟的话

"情景式演说"在15分钟之内,你必须要让他知道,为什么要成为你的渠道商?仍然有句贯穿全场的话,比如说"众人拾柴火焰高",比如说"强强联手",比如说"互补长短",等等。

你要有一句这样的话,让他一听就知道:原来他现在的团队,如果跟你的团队合在一起,会是多么快乐的一件事。

并且这句话,在这15分钟里面要不断地重复。

在产品日趋同质化的今天,概念被模仿,理念被抄袭,我们经常听到加盟商抱怨说好品牌越来越难找了。创意一个好产品、提炼一个好概念在招商工作中的作用是举足轻重的。如果能提炼一个让加盟商眼睛为之一亮的独特卖点,招商就成功了一大半。

尤其对那些没有背景和品牌优势的代理商来说,出挑的产品卖点成为他们成功的最重要的砝码。挖掘核心招商卖点这一步骤,仅仅靠代理商本身的力量是难以完成的,需要品牌商的参与和支持。

产品核心卖点就是产品的独特销售主张,是一种具有广泛影响力的广告创意策略,其基本要点为每一则广告必须向消费者"说一个主张",必须让消费者明白购买广告中的产品可以获得什么具体利益,而这种利益是竞争产品所不具备的,所强调的主张必须强有力,必须聚集到一个点上,集中打动、感动和吸引消费者来购买相应的产品。

如耐克针对女性消费者提出的女权主义口号;立波啤酒"喜欢上海的理由";"悠品"饮料"喜欢我,就开口吧",表达的都是一种观念。

第二部分 "情景式演说"的实际运用技巧

三十九、阐述没跟你合作渠道的痛苦

建渠道是一种合作，自己利益的获得需要依赖于对方的积极配合，没有对方的积极配合，自己的利益也无从获得。

比如，买方不与卖方合作，就买不到商品。卖方不与买方合作，就卖不出去商品。这其实是一种双赢。

举个例子，两个人分一个橘子，他们都想得到这个橘子，觉得最好的分配方法就是把橘子分成两半，一人一半。不仅如此，为了公平起见，他们中的一个人来切，然后另一个人来选，这样就皆大欢喜了。

可是，当他们在交流自己最初的目的时，双方却发现，原来其中一个人想榨果汁，而另一个人想用橘子皮来做蛋糕。这样，他们最终意外地找到了一种更好的分配橘子的方法，使得双方能够得到他们想要的东西。

再如，你在卖手机，他在卖配件，你们没有在一起合作，他做他的，你做你的，最后大家都会很辛苦地找客户。如果对方愿意跟你一起合作，会怎么样？不愿意跟你一起合作，名单找不到，大家都各自找名单，浪费时间，浪费钱，浪费精力，浪费人才，最后让别人趁虚而入。

对，你认为要列出什么？列出六个没有跟你合作渠道会产生什么具体的痛苦，比如说在市场上，比如说在人才方面，比如说在产品方面等这样的痛苦。

希尔顿在建达拉斯希尔顿饭店时，由于筹措资金不足，开工不久后就陷入了停工的窘境。

为了渡过这个难关,希尔顿决定去拜访地产商杜德。之前希尔顿饭店的地皮就是从杜德手里高价买过来的。

听了希尔顿的困境,杜德事不关己地说:"那我也没有办法了,只好停工了。"

希尔顿:"可是,如果这样停工的话,恐怕,你的损失比我的损失还大。"

杜德吓了一跳:"你这话什么意思?"

希尔顿:"因为我的饭店停工,你附近的地皮就要受到影响,如果我再宣传一下,说我不继续盖是因为这是不符合我的理想的,我想另外选址,这样的话,你的地皮就不值钱了。而且,根本没有人会怀疑我没有钱,因为我已经拥有好几家高级饭店了。"

杜德沉默了一会儿,说:"你来找我,是为了什么?"

希尔顿:"我有一个两全齐美的办法,就是你出钱把饭店盖好,我再来买。"

看杜德一脸的不解,希尔顿又解释说:"意思就是,你把饭店盖好,卖给我,我可以分期付款给你。重点是,只要饭店不停工,你的那些地皮就有升值的空间,再搭配我的行销手段,你肯定不会吃亏的。"

虽然希尔顿有点耍无赖的手段,但也是在困难时无奈的选择。杜德考虑到,为了以后的发展,只好答应希尔顿的条件,替他盖楼了。

希尔顿没有拿出蛋糕与杜德来分,而是把眼光放长远,关注到杜德的土地升值的"未来"上,更强调如果双方不好好合作,未来是相辅相成的。各取所需才能共赢。

试想一下,如果希尔顿单纯地向杜德借钱,把谈话的焦点全部放在钱上,精明的杜德不会这么容易就范的。

四十、阐述合作渠道后的快乐

这跟前面所说的是相反的。比如，可以节省成本，降低风险，避免浪费时间，人才互用，交换客户，交换名单，一起办活动，等等。你要去阐述这样的快乐，跟你合作，会有什么样具体的快乐。

在确认沙特阿拉伯地底下蕴藏着大量石油后，欧美等西方国家争先恐后地来到沙特，找到国王萨乌德谈判，希望能够获得石油的开采权。

船王欧纳西斯虽然不是以石油开采为主营业务，但是他也加入竞争的行业中去了。他为了能够与国王见面，用钱收买了国王亲信和王宫内几乎所有的工作人员，通过这些人的帮助，他亲自见到了国王。

"我不是来争夺石油开采权的，我是为了贵国的繁荣而来的。"

已经被各国代表团闹得筋疲力尽的国王萨乌德听到船王的这句话留心起来。

"我建议陛下和他们交涉时，告诉他们，获得石油开采权的公司，必须用沙特阿拉伯的船来运送。只有这样，贵国在发货出去的同时，仍能确保一定的收益和产量的控制权。"

"可是在这个沙漠里，根本没有一条像样的船。"

"没关系的，贵国需要的船由我方提供，而且不向陛下收取任何费用，我还会把运费所得的利润的一半交给贵国政府。相信这笔交易，对你来说是再划算不过了。"

萨乌德欣然同意，至于那些争先恐后的石油开采公司，尽管也赢得了石油的开采权，但是无法摆脱欧纳西斯的船运垄断权。

欧纳西斯的主要目的就是获得整个沙特阿拉伯石油运输的垄断权。这样一来，只要沙特阿拉伯的石油不枯竭，他就永远有收入，而避免了和那些石油开采公司抢破头。他之所以能够取得成功，并非是他独具慧眼，而是他懂得从对方的利益出发，让对方在合作中占到好处。

第二部分 "情景式演说"的实际运用技巧

四十一、现在马上行动合作渠道的六大好处

现在马上行动合作渠道的六大好处,强调一下,是六大好处,你要写出第一点、第二点、第三点、第四点、第五点、第六点。

在我们的练习题里面,你要记得把它写出来。

不合作渠道会有痛苦,合作会有快乐,为什么要现在呢?为什么不能考虑看看呢?

在你发表"情景式演说"的时候,你要台下的听众去做一件事,大部分的问题出在他会觉得我想考虑看看,我想跟别人商量,所以考虑看看、跟别人商量就是两个很重要的问题。

当你的马上行动方案可以破除这两个问题的时候,他就会立刻采取必须要的行动。比如说你用价格来吸引他,比如说你用现在马上做会有什么样的好处、会有什么样的优势来吸引他。

当然你必须说的是真的,你必须拥有诚实的"情景式演说",那么才会让听众跟你长久地合作。

长期从事销售工作又善于思考的人会总结出这样一个规律:没经验的销售人员总是向客户阐述自己的产品如何如何好。其实客户真正关心的问题并不是你的产品如何好,而是你的产品如何能让他赚钱,招商所要说的内容也是如此。

翻开一摞摞的招商广告,通篇是反复地强调产品好,而很少见到有帮客户分析如何赚钱的,即使有,也只是一些不切实际的豪言壮语,招商效果不好也就在情理之中了。招商要想打动加盟商,关键是要明白加盟商需

要得到什么，加盟商在怀疑什么，以及加盟商所面临的难题是什么，在此基础上，有针对性的诉求，方能打动加盟商的心。

中国有句话叫："己所不欲，勿施于人。"如果我们自己都没有真正搞清楚产品要采用何种策略和方法才可以顺利地销售出去，招起商来理所当然就会底气不足，无论您招商会如何豪华，如何气派，总免不了看的人多，买单的人少。

但如果我们事先做了充分的市场研究与准备，对产品市场推广的每一个环节都了如指掌、头头是道，对产品、对消费者、对竞争者都有详尽的分析，对产品的推广有切实可行的策略与计划，我们就做到了对市场推广的每一个环节都成竹在胸，加盟商在听了我们详尽的分析计划后，感受到这是一个非常好的赚钱机会，自会有所判断，招商的成功，也就成为顺理成章的事情了。

现在马上行动合作渠道的六大好处及方案：

一、_____

_____

二、_____

_____

三、_____

_____

四、_____

_____

五、_____

_____

六、_____

_____

四十二、下达极重要的成为合作伙伴的
谕令与动令

谕令就是告诉他,动令就是让他行动。在"情景式演说"让他成为合作伙伴的时候、合作渠道的时候,你必须要说的仍然是六个。

谕令先说出来,说 5 分钟之后你必须采取行动,然后在 5 分钟之内你要说出有哪六大好处,到最后说"立即行动"四个字。

成为合作伙伴的谕令与行动令的好处及方案:
一、_____
_____
二、_____
_____
三、_____
_____
四、_____
_____
五、_____
_____
六、_____
_____

四十三、预防及彻底解决听众成为合作伙伴的相关问题

这时候，可能你要解决的问题，跟前几点的问题不太一样。

因为他已经有既有的团队、既有的店，他还马上要变成你的合作渠道，可能会碰到的问题是本来厂商的排挤，原本员工的不适应，原本店长的抗拒以及你自己感觉到会不会有风险。

这些都是你必须要在这里预防的，并且还要彻底协助他解决问题。

加盟商的签约与否，实际就是代理商能否最终利用招商工作及招商会议最终使加盟商的理性天平更多地偏向信任一面。因此，招商会议的直接目的则应使参加招商会的加盟商达到五个信任。

第一，信企业。

使加盟商了解、确信企业是有实力、讲信誉、有能力、有战略、有远见的。如何让加盟商信任我们的企业，光靠企业说是远远不够的。要有说服力的招商工具，如企业所获得的荣誉、媒体对于企业的报道等。还有企业要做好长远的规划，对企业的前景作一个描绘，树立一个长久发展的企业形象。让加盟商感觉这是一个很有发展潜力的企业，与这样的企业合作，是有前途的。

第二，信产品。

产品的卖点独特，定位准确，质量可靠，是有市场前景的产品。

第三，信模式。

企业的营销模式先进而又实效，管理规范，可操作性强。企业在招商

过程中，仅靠一则招商广告和业务人员的游说是远远不够的，我们要让加盟商看到实际的东西。这就需要企业要么有切实可行的方案，要么建立样板店，对样板店企业要做好严格管理，从店面的建设到导购员的培训都必须要做到规范化，要使样板店成为形象店。同时为加盟商建立一种模式。

这种模式简单，易操作，只要加盟商照这种模式运作，就可以有一个很好的收益。通常，加盟商所担心的不是投资额太高，而是进货以后如何才能销售出去。经销模式可以让加盟商感觉到，企业不是让加盟商自己去销售，而是企业在帮他们一起进行销售，让加盟商消除后顾之忧。

第四，信利润。

有钱可赚，利润空间大。在招商过程中还应该让已经合作的优秀加盟商现身说法，讲述自己与企业合作的经历和经营的业绩，用具体的数字来说明产品给自己带来的利益。事实胜于雄辩，通过现有加盟商的讲解，可以打消加盟商对产品的疑虑，别人做着行，那么自己做也一定行。

第五，信合同。

合同严密，责权利明确，有绝对的约束性和保障性，不会签而无效。

"五信"是品牌代理商的承诺得到积极回应的基础，达到了"五信"，那么招商工作的总目标即签约合作就进入坦途了。

总而言之，代理商的招商要有针对性、方法性，不能盲目地梦想一网打尽满河鱼。选择适合自己的加盟商，诚心诚意地去合作，只有这样才能实现良性的循环，保证后期的招商工作能够有序进行。企业无论采取什么样的手段，招商的最终目的不在于圈钱，而是要服务于产品的销售。

建渠道目的的"情景式演说"阅读心得及行动方案：

一、_____
_____

二、_____
_____

三、_____
_____

四、_____
_____

五、_____
_____

六、_____
_____

四十四、15分钟内要达到路演目的的"情景式演说"

在路演的过程中,可能你面对的对象是你的老板,你要给他作路演,作一些展示,展示你的工作近况给他看。

路演的对象,也可能是你的合作伙伴、代理商、经销商,你要展示公司的产品、公司新项目的发布等。

很有可能是你的公司要上市,你要对公司的投资人、投资公司、风险投资展示公司的业绩状况、盈利项目、持续获利的系统、人才团队,过往一切的经历,以及过往三年五年已经达到的业绩、成长的曲线……

这些都是你面对不同的群众、听众,在15分钟之内完成的目的和结果。

对于企业来说,一次成功的商业路演,不是单纯地提高路演现场的销售,还要放眼全局,邀请潜在客户参观,促成下线开发。当今处于互联网时代,信息的传播显得非常重要,无论你以何种方式谋生,不管你是卖产品还是做融资的,其实都是在销售。

但是路演不仅仅是销售,人与人之间的交流本身就是路演,路演是一种沟通形式。现代社会,由于互联网对人们生活的影响及变化,因为信息对称、市场饱和引发的"卖家谨慎",所以要做到优雅、和谐地达成"共识"。比如,融资者的路演,就是如何清晰表达观点,介绍优势,达成共识。

常言说得好,公司CEO开门三件事:"找人,找钱,找方向。"找钱的过程就是"路演"的过程。商业路演，不仅需要当事人的情绪准备、气氛调动，还需要商业逻辑、策略、规则方面的设计、环环相扣的陈述方式、展示方式、现场发挥等方面都有讲究，丝毫不能懈怠。

通过"情景式演说"，在 15 分钟之内你要达到你的路演目的，讲完之后仍然是让别人去做你想让他做的事。十个人有两个人去做了，那么你的"情景式演说"在路演这块已经达到了两个人的结果，如果有十个人，那就是十个人的结果。

结果是最好的广告，千万别忘了，或许听众敷衍地给你鼓励和鼓掌、微笑，甚至拥抱、送鲜花，但都不足以代表他真正地打从内心认同你，只有他去做，你想要让他做的事，他做了，这样才是真正地认同你。

四十五、15分钟内要达到路演目的的一句贯穿15分钟的话

在15分钟"情景式演说"过程中，哪一句话是你要他记得最清楚的，也是你在这里面要多次重复的一句话。不一样的目的，会有不一样的一句话，你必须在设计演讲稿的时候，做好足够的准备，因为不准备就等于在准备失败，不计划就等于在计划失败，反复不断地演练，心中有底，就不会怕。

"怕"字怎么写呢？左边一个心，右边一个白，心中一片空白就会害怕。而细心来这里了解，了解来这里学习，学习来这里重复，重复不断地学习、了解，心中有底，很熟练了，那么就可以毫不害怕、毫不犹豫地上台演说了。

我们来看一个案例——"我祝你不幸并痛苦"，干了这碗毒鸡汤。（资料来源：新蓝网·浙江网络广播电视台）

我祝你不幸并痛苦
我祝你尝到背叛的滋味
我希望你的对手时不时地幸灾乐祸
我希望你时常感到孤独
我希望你……
2017年6月初，美国最高法院首席大法官约翰·罗伯茨（John Roberts）来到新罕布什尔州的卡迪根山中学（Cardigan Mountain School），参加儿子

的初中毕业典礼，并发表演讲。

他没有祝福毕业生们有个光明美好的未来，却祝愿他们遭遇各种不幸……

我希望在未来岁月中
你能时不时地遭遇不公
唯有如此
你才能懂得公正的价值

我希望你尝到背叛的滋味
这样你才能领悟到忠诚之重要

抱歉
我还希望你们时常感到孤独
唯有如此
你才不会视朋友为理所当然

我祝你们
偶尔运气不佳
这样你才会意识到
机遇在人生中扮演的角色
从而明白你的成功并非天经地义
而他人的失败也不是命中注定

当你偶尔失败
我愿你的对手时不时地幸灾乐祸
这样你才能懂得

互相尊重的竞技精神的重要

我希望你被人无视
唯有如此
你才懂得倾听他人有多重要

我祝你
感受足够的痛楚
来学会同情

果然良药苦口，忠言逆耳。这一系列"祝福"发人深思。

四十六、阐述没接受你路演结果的痛苦

我们知道结果是很重要的，你仍然要列出六点，如果他不接受你路演的结果，那么他可能会产生的问题是什么？

当你在阐述这些痛苦的时候，你可以用举例的，可以用隐喻的，也可以用图表、统计，也可以用数据来分析，来说明，而不是用一种说教的方式，因为没有人喜欢被说教。

没接受你路演结果的痛苦及方案：

一、_____

_____

二、_____

_____

三、_____

_____

四、_____

_____

五、_____

_____

六、_____

_____

四十七、阐述接受你路演结果后的快乐

结果的快乐,你还要设定在你路演之后,你的目的是想升官发财,还是想让老板接受你的观念,还是想让代理商、经销商再度地进货,还是想让别人经过你的路演之后能够成为你公司的投资人。

设定目的之后,以终为始,用结果去推算你的过程,跟你要一开始所说的那句话,以及给别人的痛苦,不做会有多么痛苦,以及接受你的路演结果之后,会有多么快乐。你必须知道结果,必须要去以结果为导向。

世界一流的演讲都是这种模式,所以请你把这5句话写下来:

你准备与听众分享的故事是什么?

你选这个故事的理由是什么?

你准备用哪一句话来开始讲这个故事?

根据你的经验,你要求听众采取一个什么行动?

照你的话去做,他们会有什么好处?

四十八、现在马上行动接受路演结果的六大好处

各位读者可以发现，我们这六个目的的"情景式演说"，基本架构都是一样的，但还是有些许的不一样的，为什么呢？

因为很多事看起来差不多，但成功取决于小细节。

到了关键看不出来，要知道小的细节决定成败。现在马上接受路演结果，你还要让对方能够现在马上接受你要的路演结果。当然有些行业、有些产业可能不见得马上就能够展示出什么样的结果，但就算是小结果，就算是往前进一步，就算是得到一点点的结论，也是一种结果。

如果不设定结果，就好像去射击，请问没有靶，你的子弹要射在什么地方呢？

不管什么样的结果都是结果，就算没有大结果，也有小结果，但是不能没有结果。就算没办法往前跨一大步，也要跨一小步，但是不能不跨步。因为不跨步，就是原地踏步，原地踏步就是后退，就是落伍。

四十九、下达极重要的接受路演结果的谕令与动令

在品牌和资本竞争日益激烈的 21 世纪,能够运用商业路演之力四两拨千斤的企业是最不可复制的。填满资本市场的不再只是屈指可数的大企业,打破市场常规、瓦解资本潜规则的路演,让巨大的资本市场变成无数个中小企业的沙龙屋,以迅雷不及掩盖之势让企业成为商业和艺术的绝佳平衡者。

路演的结果,来自最后你在发表公众演讲、"情景式演说"的时候,所有的谕令,告诉他多久以后,也就是 15 分钟的演讲稿,大概是在最后 5 分钟,你必须告诉他,待会儿还有 5 分钟的时间,我们马上去做这件事会有什么样的好处,然后你再讲 5 分钟最后去行动。

但路演和招商、销售、建团队、建渠道又不一样,路演所要得到的结果,更多的可能是一种展示,可能是一种让别人知道你在干嘛,你的产品、你的项目及你要的结果。所以仍然要在谕令与动令里面去设计,你要他马上去做什么事。

五十、预防及彻底解决听众对路演结果的相关问题

这个时候你的设计是非常重要的,请各位在写下面的练习题的时候非常用心,写下重要的六个练习题。

每个人对路演的结果,都会有不一样的反应,你仍然要假设他可能会有什么样的问题,并且还要去解决他可能会有的问题。

比如说他假设投资的公司,会不会有风险呢?这时候你就要先解决。

比如说你回答他说,做任何事都不可能完全没有风险,但投资我们公司,我们已经把风险降到了最低。怎么说呢?因为不管怎么样,如果你成为我们的代理商,进货之后可能会得到五箱饮料、八箱产品,那么就算公司未来发展不如你所想象的那样,你有产品可以把它卖掉,你的损失毕竟不会太大。

如果往好的方面想,作最坏的打算,对的,各位请把这句话写下来,请把这句话记下来——"往好的方面想,作最坏的打算"。

这是一句非常重要的话,当听众知道作最坏的打算风险都能承受,但如果往好的方面想,又会有这么好的未来,人们要的不只是得到多少收益,而且还要知道万一最后得不到这些收益,风险能不能承担。

如果风险可以承担的话,那么就算结果没有想象中那么完美,还是可以试试看的。会帮助听众解决问题,也是预防问题的一种最好的方法。这句话就是预防问题、解决问题的最好方法。

路演目的的"情景式演说"阅读心得及行动方案：

一、_____

_____

二、_____

_____

三、_____

_____

四、_____

_____

五、_____

_____

六、_____

_____

五十一、15分钟内要达到众筹目的的"情景式演说"

由于初创企业很难融资，或无力负担正规渠道高额的融资成本，不得不寻求新的融资渠道。而基于互联网的众筹平台，将筹资者与投资人直接连通，使众筹融资快速发展。

通过众筹平台，可以帮助初创企业从一个小公司成长为拥有广泛的社会支持者、大量投资人和顾客的大公司，由此结成更大的关系网络。这一切都能在社交网络上完成，众筹实在是一件神奇和了不起的事情。众筹融资模式的诞生，必将打破禁锢了普通人千百年的资金枷锁，缔造出一个自由融资的全新世界。

15分钟是我们发表"情景式演说"的主轴，通过15分钟的演说达到我们众筹的目的。众筹就是一种资金的募集。当然在这里，要绝对符合当地政府的法律，只要符合当地政府的法律，你就可以做一些众筹。

众筹是别人把钱给你，但是我们都听过这样一句话，叫作"让别人掏钱放到你的口袋里面，那是一件非常困难的事"。

没错，如果你会发表"情景式演说"，你知道怎么样让别人的钱到你的口袋里面来，那么，你就会告诉对方，其实你们是共同去做一件什么事，共同去完成一个什么目标。你必须让他知道，你并不是想去赚他的钱，而是你们要共同完成一个什么样的目标。

当然你所说的必须是真实的，必须是合理、合法、合情的。

你必须要有具体的方案，有具体的PPT来展示具体的模式，最后具体的风险以及利润的评估，当然最好还有第三方的公证，如律师、会计师、财务单位、政府监管机构等，这些都是帮助你在 15 分钟内达成众筹目的的关键。

因为每一个人，每一个目的，都会有不一样的问题，而不一样的问题，代表着必须要有不一样的答案。

如果你只是拥有一股热情和激情，慷慨激昂地阐述你的未来，但并没有具体地去分析风险，没有具体地去把图表和数字清楚地表达展示出来，那么很有可能别人不愿意把钱给你，他可以给你鼓掌，但是当你发表演讲之后，你是得不到任何资金的。

五十二、15分钟内要达到众筹目的的一句贯穿15分钟的话

我曾经协助一家公司，当时我在这家企业做顾问。

这是一个很大的海外房产投资公司，老板希望我发表"情景式演说"，听众听完之后，能够把很多的钱投资到他的海外房产。而我在里面扮演着顾问的角色，也扮演着协助这家公司训练公众演讲、"情景式演说"、招商演说高手的角色。

帮人出谋划策，以老师和顾问的角色，我还必须要出来演讲。

我在教授里面的业务员、行销人员，如何和客户沟通，以及如何"情景式演说"的时候，经常用一句贯穿15分钟的话，这句话叫作"我们的海外房产项目不适合想要获取暴利的人，只适合想要让资金稳定成长的朋友"，也就是一开始的时候就有明确的目的、明确的定位，就是我们不是要找那种希望暴起暴落的投资人，因为这样的投资人，他可以去投资股票、投资期货、投资外汇。

对于这样的投资人，我们只建议投资合法的公司，我们不建议别人投资不合法的公司，但是他投资合法的公司，不见得能够保证获利，也可能是大获利，也可能是大风险。因为投资有风险，每个人都必须谨慎。

但投资房产，我们要的是稳定成长的获利。

各位，会不会有这样的人，他想要获取暴利呢？

当然会有，因为就算是有钱人，或者是没有那么多钱的人，他搞不好都会做一些资产分配，一部分钱拿去做风险高一点的投资，另一部分钱拿来做这种稳健的投资，我们要吸引的就是这样的人，他作投资评估之后，会拿出这样一笔钱来做投资。

我们要在众筹的时候，设计一句 15 分钟的话，让别人知道，已经吸引到你所要吸引的人，以及让别人知道投资你的公司、你的产品和项目，出钱到底会得到什么？那么一句贯穿 15 分钟的话，是你所必须要去设计的。

五十三、阐述没投资的痛苦

在这里,我们强调的是稀有性,很多投资,有可能是有名额限制的,限量甚至现在不做待会儿就没了。

我曾经去买房子,在投资房地产的时候,有时会遇到很会做"情景式演说"的现场人员,他一对多拿麦克风说话,最后大家抢着要。

没投资的痛苦有哪些?可能会在五年之后房产大涨,而你没有赚到这一波钱;可能会在五年之后,这个项目多好,但是你没有投资。

五十四、阐述投资后的快乐

当然你不能只和他说有多么不好,听一下他就不想听了,于是就走掉了。成为公众演讲、"情景式演说"的高手,你必须要在阐述投资后,他会拥有怎样的快乐。

融资是中小企业或者初创企业成长发展的关键一环,也是其实现规模扩张的重要条件。一直以来,天使投资和风险投资都是初创企业进行融资的主要渠道,但随着具有融资性质的股权众筹兴起,这一全新的模式受到了越来越多的创业者与小微企业的青睐,正在悄然改变着传统的企业投资格局。

这个时候你可以用说的,当然你可以带入他的画面,比如说你可以做好PPT,加上音乐,加上影片,加上现场的临场感,加上有人上来做见证与分享,这些招式都是"情景式演说"的时候你可以做的事。因为有时候自己说,还不如让客户做见证;自己说,还不如请得到好处的人出来做见证。

五十五、现在马上行动投资后的六大好处

相对于传统的融资方式，众筹更为开放，能否获得资金也不再是由项目的商业价值作为唯一标准了。众筹的方向具有多样性，在国内众筹网站上的项目类别包括设计、科技、音乐、影视、食品、漫画、出版、游戏、摄影等。只要是网友喜欢的项目，都可以通过众筹方式获得项目启动的第一笔资金，为更多小本经营或创作的人提供无限的可能，因此也被称为"屌丝逆袭成功"的重要平台，吸引着许多正在创业的年轻人的目光。

正如马云所说："梦想还是要有的！万一实现了呢？"

"现在马上行动投资后的六大好处"，这句话可以说是在作总结，把痛苦和快乐揉成一个总结，让他知道，因为人是健忘的，经常在听完之后就忘了，而且是在瞬间就忘记了，忘记上句话说了什么。

比如说你在发表"情景式演说"的时候，很有可能你在台上侃侃而谈，但是台下的听众可能这时候忽然走神了，可能忽然接手机了，可能忽然回微信了，可能突然就睡着了，一下子没听到你所说的话，所以你必须要重复、重复、再重复，确定、确定、再确定，并且在最后总结、总结、再总结，总结出什么呢？马上行动投资的六大好处。

通俗地说，众筹就是众人合力做成一件事，我们来看一个小故事：

宋文艳打算在武昌开一家咖啡书吧，但手头没有钱，在火热的众筹思潮下，宋文艳写了一个招股书，在自己的朋友圈和QQ群发布了一下，并且开了三次现场招股说明会。

让她没有想到的是，短短两周时间就有50多个人愿意加入（国内有

限责任公司的法定股东人数不得超过 50 人）。"2 万元一股，我们在两周时间内筹集到 100 万元，其中她个人作为大股东投入 10 万元，而她三个下属每人 5 万元。"

宋文艳和股东们约定，不承诺以完全现金的方式给投资者回报，而更多的是以组织沙龙活动、提供社交平台、介绍创业资源等服务方式作为回报。

这次咖啡馆的资金筹集既没有商业计划书也没有市场论证，完全是因为众筹这个概念。

众筹就是大众筹资，由发起人、跟投人、平台构成。具有低门槛、多样性、依靠大众力量、注重创意的特征，是指一种向群众募资，以支持发起的个人或组织的行为。

众筹模式其实是一种互联网金融模式。众筹项目多通过互联网发布筹款项目并募集资金，相对于传统的融资方式，众筹更为开放，只要是大家喜欢的项目，都可以通过众筹这种方式获得项目启动的启动资金，为更多小本经营或创作的人提供了无限可能。

现在马上行动投资后的六大好处及方案：

一、_____

_____

二、_____

_____

三、_____

_____

四、_____
_____

五、_____
_____

六、_____
_____

五十六、下达极重要的立即投资的谕令与动令

通常，很多消费者并不知道自己到底该怎么做？很多客户也不知道该怎么做？

所以，你要帮他作决定。帮他作决定的同时，你还必须告诉他立即投资就是马上要去做。

一样是 5 分钟之后采取什么行动，去什么柜台，拿什么信用卡，用支付宝或微信，可以用怎么样的方式来做投资，来付钱。

对的，这就是谕令与动令的妙用。

如果把"情景式演说"的过程比作一场球赛的话，那么你对听众的投资建议就仅仅是"射门"的动作而已。但是，要知道如果做了"射门"的动作却没有达到"进球"的目的，那么之前所有的努力也只是徒劳。

五十七、预防及彻底解决听众投资前后的相关问题

对投资者而言,由于国内整体信用环境比较差,违约的成本很低,投资者可能存在"被忽悠"的可能。在众筹平台上,如果项目发起方是陌生的,所提供的项目信息又不会太多,能否严格执行并遵守承诺,很多人会打个小小的问号。这也促使很多投资者倾向于选择熟人或者朋友推荐的方法来参加众筹。

当然,从法、理、情各个角度去分析,投资之前他会产生一些担心、犹豫、害怕的心理,而且必须和家人商量。

回去想想、多考虑,这些都是可能会发生的问题。

如果他想和家人商量,你不如让他下次把家人带来,听你一起讲这个投资说明会;假设他想要考虑看看,你不如建议他先付定金,三天之内、七天之内可以在他决定要做之后把钱补齐,也就是你必须让他知道,而且是彻底知道,必须要马上采取行动,并且预防和彻底解决他可能会有的相关问题。

以上我们谈到的是在 15 分钟的"情景式演说"内,达到销售、招商、建团队、建渠道、路演、众筹六个结果,六个不同的方案,六个不同的结论,却有着类似的架构。

如何练习这个架构呢?

"情景式演说"成功的三大步骤如下:

第一,状态要好。"情景式演说"成功的第一个步骤需要有好的状态,

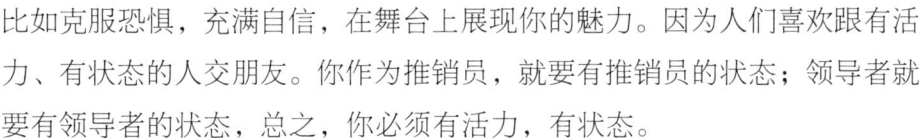

比如克服恐惧,充满自信,在舞台上展现你的魅力。因为人们喜欢跟有活力、有状态的人交朋友。你作为推销员,就要有推销员的状态;领导者就要有领导者的状态,总之,你必须有活力,有状态。

第二,改变思想。成功是靠大脑思考的。成功的第二个步骤是要改变思想。中国人做生意,人脉很重要。孔子说:"三人行,必有我师焉。"如果懂得把老师当朋友,老师成为一辈子的贵人,一辈子的朋友,众生结缘。

第三,马上行动。开车要在车里学,游泳要在水里游。游泳是游出来的,钢琴是弹出来的。我们要学"情景式演说",就要打开自己,改变思想,马上行动。成功者最大的成功,在于他的行动次数最多。军队强大靠武器,企业强大靠工具,"情景式演说"的能力是练出来的。

我想,如果有一天,我们有机会碰面,不管是在线上还是在线下,我要举办一些活动,当然也很欢迎大家的参与,可以问我问题,或者问上过我的课的学生,我相信经过你对这本书重复地阅读和有机会地交流,我们一定会把"情景式演说"六个结果和这个架构练习得更熟练,达到我们所要达到的目的。

众筹目的的"情景式演说"阅读心得及行动方案:

一、_____

_____

二、_____

_____

三、_____

_____

四、_____
_____

五、_____
_____

六、_____
_____

第三部分

"情景式演说"的成效心法

认识人,了解人,你将无所不能!你要了解台下坐了什么人,他们想听什么?"情景式演说"的魅力在于:我们必须根据听众的不同来调整自己的演说风格和内容。因为人的本性,都是只关心与自己有关的事情或发生在自己身边的事情的。如果你说的事情与他们没多大关系甚至相差十万八千里,那他们就缺少听下去的兴趣。

五十八、明确重复要听众马上做的行动

要听众马上做的行动,为什么我要不断地强调,要明确还要重复呢?

我发现很多在我课堂上的学生,他们有些已经是各行各业的讲师,有保险公司的讲师、培训部门的主管、招商会议的主持人,甚至是同行——培训公司的讲师。他们再度到我的课堂上,成为一名学生来参加"情景式演说";或者有一些是刚刚出道、刚刚创业、刚刚开始讲课的,各种不一样的学生。

我的学生们经常会问到的问题是:"老师,为什么你讲完之后,学生都会采取你所要他们做的行动,而为什么我讲完之后,大部分的人却一动也不动?我已经学过你的课程,甚至讲的内容也很好,我觉得我的发挥也很棒啊。"

他们的问题到底出在哪儿呢?为此我在课堂上会要他们到台上来做些演绎,我当场看看,他们到底怎么说的?我发现,他们说的内容不错,语气、技巧等各方面也都有不错的表现,但与我的演说最大的差别在于,他们没有明确并且重复要听众做的事。

我告诉他们,你们要下达明确的指令,要很清楚地让听众知道,你要他们做什么,而且要不只说一次。说完一次,要问他们有没有听懂;然后再问第二次,听懂的要举手;还要再问第三次,再次确认,真的听懂了吗?确定听明白了吗?知道该怎么做了吗?

我这样说,有些学生不理解,问我:"老师,这样会不会太啰唆,这样会不会太重复了?"我说:"你讲课的内容可以不用这样重复,但是当你要台下的听众,或者是你在各种场合发表'情景式演说'的时候,你要他们做的事,不仅要非常明确、清楚,还要重复再三。"

这里重点强调是重复再三,也就是要第一次、第二次、第三次。

为什么要这么做呢?比如说我自己经常面对很多人演讲,有时候有几百人、几千人,甚至几万人,台下这么多人,我不能保证每一个人都是聚精会神的,有些人可能走神了,有些人可能刚好在接电话,有些人可能会发微信,还有些人昨天晚上没睡好觉、熬夜、做梦,所以当你在演说,你说第一遍的时候,他不见得清楚你的意思;或者他清楚你的意思,但并不清楚你要他做什么;或者他清楚你要他做什么,但是并不清楚你要他马上、立刻做。

在这里除了明确和重复之外,我还提到,你要让他马上、立刻、立即采取的行动,第一步骤什么?第二步骤是什么?第三步骤是什么?要清清楚楚地讲完之后,再次明确,再次重复,还要知道他有没有听懂。

本节阅读心得及行动方案:

一、_____

_____

二、_____

_____

三、_____

_____

四、_____

_____

五、_____

_____

六、_____

_____

五十九、给予听众行动时间

在"情景式演说"中,不管你面对的是三个人、三十个人、三百个人,还是三千个人,甚至是三万个人说话,总是会有人在听完之后,并不明确你要他什么时候做你所说的事。所以你必须要明确给予听众行动的时间,也就是在多久以后,你要他采取行动。

比如,我在课堂上和我的学生说:"在5分钟之后,请你立刻站起来,带上你的椅子,从这个教室走到门外,左转至旁边第一个门的教室,走进去,把椅子放下来,然后坐下来。"

在我说的这段话中,第一个重点在于"5分钟之后",那么在接下来的这5分钟之内,我要做什么呢?我要再一次和学生说细节,说站起来之后怎么排队。因为教室里人很多,所以后面的人先站,然后把椅子拿起来并折叠,小心不要撞到别人,然后出门往左转之后,进到另外一个教室,之后在那里坐下来,是随便坐,还是有安排座位,还是有号码等。

最好的方式就是,我要学生采取行动的时间,要根据所做的事情的困难度、复杂度,去决定多久之后采取这个行动。在这个举例中是5分钟,简单一点的事情,可能是1分钟、30秒,或10秒;复杂一点的事情,搞不好是半小时、一小时、两小时,都有可能。

在"情景式演说"中,你必须要给他行动的时间,并且还要告诉他多久以后采取行动,然后还要告诉他做多久。就像上面我举的例子一样,我告诉我的学生,必须要走到隔壁教室,随便找个位置,放下椅子坐下来,

第三部分 "情景式演说"的成效心法

这个时间，必须要在 8 分钟以内完成，并且后排的人先走等的一些细节。这个行动是 5 分钟之后开始，所以我要在接下来的 5 分钟之内把细节给学生讲清楚。

本节阅读心得及行动方案：
一、_____
_____

二、_____
_____

三、_____
_____

四、_____
_____

五、_____
_____

六、_____
_____

六十、"情景式演说"的"破冰"

有时候,你要面对新人发表"情景式演说",这就要面临"破冰"的问题。

为什么要"破冰"呢?比如,有时候你要做岗前培训;有时候你要做团队激励的训练;有时候你可能要到一个陌生的地区,面对一群陌生人。像我除了在中国大陆各地发表演讲之外,还经常到海外去,如去美国、马来西亚、新加坡、泰国、日本等各地,我去的很多地方,人们并不认识我,甚至有时候主办单位的事前工作并没有做好,因此我都会要求主办单位,按照我的流程来做好事前的工作。做好事前工作,其实就是为了"破冰"。

一场事前的工作准备,只要做得好,到时候就会更轻松。也就是事前工作如果做得复杂,事后才会简单。如果事前工作做得简单,随便做一做,那么事后问题就会非常复杂。虽然我们听过复杂的事要简单化,但在这里我们要说的是,你要把事情做得简单,就要把"情景式演说"之前的工作做得更复杂。

我记得前几年去外地演讲的时候,没有提出让主办方做事前准备的要求,结果现场的状况非常冰冷,甚至有些人走来走去,不遵守教室纪律,有些人在台下睡觉。不管你在各种情况、各种场合,"情景式演说"和一般演讲的差别就在于,它不只是演讲,而是在各种情景下都要能够"发挥"。

"破冰"破的是什么?就是这个僵局。演说现场冰冷的空气,感觉像一座冰山一样,怎么把它劈开?这时候有很多方法,在这里我举例来说明。

第三部分 "情景式演说"的成效心法

比如,我在一场将近两万人的演讲里用过的方法:准备了几台跑车出场,观众觉得很新鲜;有时候我会在演讲的过程中配合音乐,音乐非常重要,因为音乐可以打破僵局;有时候我会在演讲的过程中配合道具。

"情景式演说"所讲求的是在任何情况、任何场合,面对任何人,所以有可能我会准备一个楼梯,谈到攀登高峰的时候,会让工作人员扶着楼梯,边爬楼梯边讲,并配合音乐,引起大家的注意,这个时候才有可能会让大家的焦点聚在我的身上。

我在"情景式演说"里面教的"破冰"方法,怎样使用才不会让人觉得很奇怪,怎样使用才不会让别人感觉到很做作或者很突兀呢?那就是不断地学习以及积累经验。在这里"破冰"所谈到的是,你让台下的气氛变得好,你要让台下的气氛从冰山变成火山,包括采取很多的互动,通过问问题,让台下几个人出来作自我介绍,这些都是一些破冰的方法。

如果只是你说,台下听众没有感觉,而你并不知道台下喜欢听或不喜欢听,最后就无法得到"情景式演说"所要达到的结果。

本节阅读心得及行动方案:

一、_____

_____

二、_____

_____

三、_____

_____

四、_____

_____

五、_____
_____

六、_____
_____

第三部分 "情景式演说"的成效心法

六十一、与人合作的伟大力量

成功最快的速度就是按部就班，成功最快的捷径就是与人合作。我从中国台湾到中国大陆来发展，一开始没有任何人脉，甚至分不清"东南西北"，不知道到底我该怎么开始，当然也不知道到底该怎么样进行第一个学生的招生。

回想起当年，我刚来到中国大陆，所想到最好的方法就是与人合作。因为认识一个人，找到一个人才，等于找到人才背后的经验、资源，还有人脉。

这里的经验到底是什么呢？

可能对方有成功的经验，也可能有失败的经验。如果他有成功的经验，当然可以教你怎么做，但更重要的是，他有失败的经验，他可以告诉你怎么避免失败。就像来我的课堂上学习，我会分享企业不倒闭的方法，只要这么做，就不会倒闭；也会分享怎样做才不会贫穷的方法，只要那么做，就不会贫穷等。

得到一个人才，就是得到他背后的经验，还有得到他背后的资源，什么资源呢？每个人多多少少都认识一些人，每个人也多多少少能够发动一些事。可以得到他背后的经验、资源，还有人脉。

有的人说他有很好的人脉，其实大部分是假的，为什么？因为作为资源的人脉，如果不用或是用不了，或是没法用，或是没办法马上用，通常那只是认识，而不是真正的人脉。

我和很多世界第一名的老师、企业家、大师都有过合作，并且我们也拍过一些照片，到后来我看到有些行业的模仿者，也模仿我这么做。但是，拍照片不代表是人脉，所有我拍的照片，是真正我们有合作，而且有深入的合作，甚至可以经常找得到人的，这才叫真正的人脉。

很多人只是凭一张照片，突然拍个照，就说你们有多熟，其实这并不是人脉。有时候，我团队里面的伙伴会告诉我说，他的人脉非常好，或者是他认识某一个客户，人脉非常好，可以帮我们带来很多的学生，但真正开课的时候，他却连自己都没有来，可能是因为他并没有真正这样的人脉，或者是他的人脉是他自己认为的人脉，而对方并不这么觉得。

我强调，你能够找得到人、叫得动、说得上话、互相能支持，这样的人才叫人脉，再讲更具体一点，他愿意把时间拨给你，把精力拨给你，甚至把金钱投资给你，这样的人才叫作人脉。

与人合作，最重要的是稳定可靠。一百个人 1%的力量，也不要靠自己 100%的力量，因为自己的 100%，潜能已经激发到极限，没法再突破了，一百个人 1%，每个人还有 99%的潜力。

在创业将近 20 年来，我和非常多的人有过合作，有失败的经验、痛苦的经验、被骗的经验、对不起别人的经验，当然也有成功的经验、好的经验、愉快的经验。大部分合作成功是非常困难的，现在我在我的课堂上，除了我自己讲课之外，我还邀请了非常多、非常重要，在我生命中可以说是我的贵人，可以说是我的合作伙伴，可以说是我的好朋友，他们之间有中国台湾人，有北京人，有上海人，甚至有美国人，有澳大利亚人，有世界各地的人。

每次他们到我的课堂上来演讲的时候，我都会亲自和我的学生推崇他。于是就有人问我："老师，难道你不怕推崇完之后，你的学生就被他带走了吗？"

当然，不管合约怎样紧密，都会有这样的可能或问题，而且的确有很多这样的伤害，但我并不担心，因为首先选对人很重要，我会先严格地筛选，互相严格地筛选对方，经过好多事、好多时间、好多验证，虽然也有可能会看走眼，还有可能会产生错误，但目前我的合作伙伴来自中国台湾、

第三部分 "情景式演说"的成效心法

北京、上海、美国等世界各地,都是已经和我在一起合作五年、十年,甚至有二十年的时间,都是经历过很多的考验、挑战,最后彼此捆绑在一起的。

与人合作真的很不容易,有时候分开了,就没办法在一起,有时候一辈子也没办法在一起。大部分的人在地球上是不会和别人相逢的,大部分的人和别人相逢是不会有交集的,大部分的人有交集也不会交集很久的,大部分的人交集很久的也过不了两三年,大部分的人过得了两三年的也没办法一起共事,大部分一起共事的人也没办法一起共患难,大部分能共患难的人也没办法同甘苦,大部分同甘苦的人也共不了三五年的,大部分能共三五年的人也共不了十年、二十年。

你看这个比例到底有多低。现在我们新成立了一个讲师团队,到世界各地去演讲,真的很不容易。当然还包括我们团队里面的合作伙伴,有本来是家庭主妇的,现在变成自己的女王;有本来是上班族的,现在变成公司重要的合作伙伴;有本来只是乡村学校的教师的,现在站上了世界的舞台;有本来是没有经验的大学毕业生的,现在负责我们全国的业务;有本来是老板的,但做生意倒闭,亏损连连,现在重新出发,还在上海立足。各种不同的角色,不同的人,他们是我们团队重要的成员。

我经常讲,以前我们在培养员工,让他们成为主管、成为领导,现在我一开始和任何人合作,就算是我们公司团队的伙伴,我的角色和想法是,帮助他们成为老板,帮助他们创业,因为帮助他们成为员工,有一天他们还是会离开,帮助他们成为老板,而我们合作,他们做的是自己的事业,那么,这样的合作就会长长久久,因为是他们自己的事情。

比如,有来自以前做业务员的,现在我协助他成为创业的老板,和我是合伙人,和我的关系是合作。对的,所以你要去思考的是,你如果用培养员工的方式去培养他,他肯定可以成为一位优秀的主管;你如果用培养老板的方式去协助他创业,那么他永远和你无法分开。

你用训练绵羊的方式去训练狮子,可能狮子也会变成温顺的绵羊,但相反地，如果你用训练狮子的方式去训练绵羊，那么绵羊可能也会变成肉食性的动物。

在这里所说的，就是你要怎么样去找到适合和别人合作的点，当然最重要的是选对人。在与人合作最重要的关键里面，我所看重的第一点就是选对人，包括在我的课程《复制CEO》里面，从一开始就开宗明义地谈到如何选对人的十个、二十个方法，对选人的部分是非常严格的。

当然这是一个互相筛选的过程，彼此看着顺眼。一直到我找到对方的才能是什么，我不因为我在做什么项目而强加于他，而是因为他是什么样的人，他有什么样的才能，我会想办法去发挥他的才能。

作为领导者，要想办法去发挥别人的才能，让他做得开心、快乐，这样才会激发他的潜能。与人合作，在"情景式演说"里面，我们谈到的是，不管你在任何舞台上，台下的听众永远有不同的嗜好，如果你可以找到不同的合作伙伴，一起组建一个团队的话，也欢迎你来找我，我们成为一个团队。

我欢迎和任何人合作。当你在台上的时候，如果你只有自己一个人，那么可能有一部分人喜欢你这样的类型，还有另外一部分人喜欢别种类型，你就没有办法让台下更多的听众认同你，达到你的销售、招商、建团队、建渠道、招商、众筹的结果。

每次我的舞台都会开放给很多人上台，但并不是随便的，而是经过严格的筛选、严格的考核、严格的互相审核、严格的彼此的时间各方面的积累，考验之后，我们形成一个伟大的团队。

与人合作才能够做好真正的"情景式演说"。有些人喜欢张学友，有些人喜欢刘德华，有些人喜欢张惠妹，有些人喜欢莫文蔚，有些人喜欢周杰伦，有些人喜欢蔡依林，假设你的舞台上有各种不同的人，那就可以吸引各种不同的观众。合作的力量是你无法想象的，完成一个人永远无法完成的梦想，并且可以让台下所有的听众，发表"情景式演说"的时候，发挥这种合作演讲的伟大力量。

包括我的课堂上，也邀请我团队的伙伴、合作的老师，一起在台上演讲，台上站着几十个人一起讲，这种团队的力量，可以弥补个人的不足，发挥"情景式演说"的最高境界——与人合作。

本节阅读心得及行动方案：

一、_____

_____

二、_____

_____

三、_____

_____

四、_____

_____

五、_____

_____

六、_____

_____

六十二、邀约的能力比公众演讲的能力更重要

我有一门课程叫"西点军校：亿万富豪养成计划"，这是我们内部的一门课程，用在公司内部的训练、内部的会议上，一般不对外开放，但偶尔也会开放给我的一些学生。

美国的西点军校有一个著名的观点，叫作"没有借口"。没有借口就是，如果你设定你要的结果，那么你就不会想去找借口，并且你要会去问自己，到底该怎么达成目标。不是去想达不成怎么办，应该是想达成目标的方法。

我会帮我们的内部团队开这个会议，叫作"西点军校：亿万富豪会议"，没有借口就能够造就亿万富豪。而这个会议里面，除了没有借口之外，最重要的一句叫作"邀约是世界上最伟大的工作"。

在读《TED没教的情景式演说》这本书的读者，每一个人都会想怎么演讲，但是我建议你，要先想的并不是怎么样去演讲，你必须先想的是如何去找到听众，让他们坐在台下。这件事情比演讲更重要，不然你要和谁讲呢？你要讲给谁听呢？难道你每天对墙壁讲吗？

既然邀约是世界上最伟大的工作，有些人说："老师，我一开始怎么邀约呢？"

我建议你最好的方法，就像我当时刚开始创业的时候，你必须要学会借力使力不费力，四两拨千斤，也就是你必须要有一个你愿意推崇他的人，然后你去约推崇他的人来演讲。

第三部分 "情景式演说"的成效心法

举例,一开始的时候,在 20 年前,我推崇的是,在美国的、我认为非常厉害的、在各领域的第一名,我去卖他们的门票,然后我顺便帮忙主持,给自己一点上台的机会,这是第一步应该做的事情。

成功有三个方法,第一叫作帮成功者工作,第二叫作和成功者合作,第三叫作让成功者为你工作。

第一帮成功者工作,就是你要去推崇另外一个你感觉比你更成功的人,推崇他的讲座,你才有机会可以慢慢地转正,和他一起合作,甚至未来他帮你一起工作,你们成为合伙人,或合作伙伴。这就是我认为成为一名老师最重要的地方,你要做的事并不是马上去演讲,而是因为邀约而演讲。

邀约的能力比公众演讲的能力更重要,如果你没有好的活动举办,那么你如何招商呢?就像我说的,不管卖任何产品,最重要的是找到买你产品的人,不管想作任何演讲,最重要的是邀约。有邀约的能力,演讲起来就能够很踏实。

告诉别人你有邀约的能力,那么你是实战家;你只有演讲的能力,不会邀约,那么你只是个空壳子,随时都会被取代。邀约的能力永远比演讲的能力更重要,有邀约的能力,就会有演讲的能力,有演讲的能力不见得有邀约的能力,最后没的讲,只能孤芳自赏。

本节阅读心得及行动方案:

一、_____

_____

二、_____

_____

三、_____
_____

四、_____
_____

五、_____
_____

六、_____

六十三、"情景式演说"要把自己的劣势变成优势

有人问我:"老师,我听你讲话,感觉你'学富五车,才高八斗',好像什么都会,'上知天文,下知地理','四书五经',唐诗、宋词、元曲,好像什么你都能讲,而我没读懂这么多书,怎么办呢?"

还有人问我:"老师,我觉得你说话非常咬文嚼字,引经据典,触类旁通,但是我不太会这样说,怎么办呢?"

我告诉他们,这些都没关系。因为发挥自己的优势,比去模仿别人更重要,虽然一开始你必须模仿。

我有一位合作伙伴,是来自中国台湾的小女生,现在已经是我们团队重要的导师了。一开始,很多人说,听她说话好像是我附身一样,因为她是在模仿我,但后来有人就说她讲得越来越好。因为我教给她一个道理:模仿只是初步,创新才是永恒,但一定要先从模仿开始。

就像我以前的演讲,学习几位很重要的、我生命中的贵人。我天天听他们的录音带(因为当时只有录音带),天天听他们的演讲,把他们讲的话一个字一个字地写下来,天天背,下了苦功夫。

慢慢地,有人说我身上有他们的影子,后来慢慢地引申出自己的内容。如果你不断地去模仿,就会得到更多的精髓,然后你去创新。你要克服自己的劣势,把劣势变成优势。

举例说明一下：

我的家境不好，从小家里负债。迫于生计，我自己去摆地摊、挖下水道、发海报等，这样一天能干六份差。这个悲惨的过去，本来是个劣势，但是和现在我的生活对比起来，已经是有很大的转变了，所以变成了优势。

有些人和我说："老师，你的过去实在太悲惨了，我们的过去没有像你这么悲惨，我们家里蛮有钱的，怎么办呢？"家里蛮有钱的人，很多是富二代，但是你却是上进的富二代，你不可能一下子把劣势就变成优势了。第一步是你必须把你的劣势写下来；第二步是如何把你的劣势变成优势。

当你准备演讲稿，或在台上发表演讲的时候，你必须要做到，把劣势变成优势，把坏事变成好事。

本节阅读心得及行动方案：

一、_____

_____

二、_____

_____

三、_____

_____

四、_____

_____

五、_____
_____

六、_____
_____

六十四、听你说到底对我有什么好处

站在听众的角度上，大部分人听别人一开口，从头到尾所想的，是你所说的内容对我有什么好处，和我有什么关系？而当你发表"情景式演说"，自己说自己的，自顾自说，却不了解对方到底想不想听。别说在演说的舞台上，就算在舞台下也有很多这样的人。

我课堂上的很多学生，经常想来找我谈合作，想和我说话。有时候，他们自说自的，说一些自己的事，说一些自己的状况，说一些自己的产品有多好。我心里在想，这个好像和我没什么关系，于是我不想听，我想走开，他们却看不出来我想走，或是漠视这个感觉。于是他们还是自己说自己的，最后的结果就是我根本没在听，因为我不想听他们讲什么。

当你在台上说话的时候，首先必须要注意台下的观众，你可以从他们的眼神状态、肢体语言，是否在看手机，是否走动，是否全神贯注，表情、鼓掌的样子、有没有微笑等，不管台下坐多少人，你都可以感觉出来，你的演说到底受不受欢迎，受欢迎的程度，到底听众的感觉是什么？

你必须要知道他们的感觉是什么？而他们最想要知道的是，你说这么多到底和我有什么关系？你必须要在讲每一句你想讲的话之后，要思考的是，到底和他们怎么产生链接，和他们怎么产生关系？如果没有和他们有关系，你自顾自地说你的故事，他们突然就腻了。

"情景式演说"的目的，是达到销售、招商、建团队、建渠道、路演、众筹的结果。怎样达到这个结果呢？

最好的方法，就是写下你的演说到底对听众有什么好处？有六个好处，第一是什么？第二是什么？第三是什么？第四是什么？第五是什么？

第三部分 "情景式演说"的成效心法

第六是什么?写清楚,说明白,那么他们就会知道你想要表达什么了。

本节阅读心得及行动方案:

一、_____

_____

二、_____

_____

三、_____

_____

四、_____

_____

五、_____

_____

六、_____

_____

六十五、往好的方面想，做最坏的打算

在"情景式演说"的过程中，你要在 15 分钟之内通过演讲，达到销售、招商、建团队、建渠道、路演、众筹的结果。但是就算台下的人想采取行动，他们仍然会裹足不前，怕东怕西，还会犹豫，还会考虑，为什么呢？

因为你没有告诉他们，往好的方面想，作最坏的打算。人们之所以会产生行动，动机来自追求快乐与逃避痛苦。追求快乐，就是往好的方面想；逃离痛苦，就是作最坏的打算。

你在发表演讲之后，想让他们达到你所要的结果的时候，就必须要让他们知道，如果他们按照你说的话去做，可能会产生哪六大好处，并写下来。也可能会产生一些坏处，你要告诉他们，他们是否能够承受。如果可以的话，那么就行动吧。

在"情景式演说"的过程中，你要让别人去行动，就必须让别人知道，他最坏会怎么样？最好会怎么样？人往往最想知道的是，他的行动会有多美好，以及会有多大的风险。当这两个因素都考虑周全了，可能你的演说就会成功，达到你所要的六大结果（销售、招商、建团队、建渠道、路演、众筹）了。

本节阅读心得及行动方案：

一、_____

_____

第三部分 "情景式演说"的成效心法

二、_____
_____

三、_____
_____

四、_____
_____

五、_____
_____

六、_____
_____

六十六、"情景式演说"时要注意你说的每一个字

一对多公众演讲比一对一演讲，或一对一说话，最大的差别在于，你所说的每一个字，在一对一演讲或说话中，仅仅是你的听众听到了，但一对多公众演讲，如果你对着十个人说，那么会有十个人在听。每一个字就变成十个字了，因为每个人都听到你说的一个字，加起来就是十个字。

如果你对一百个人说话，每一个字就变成一百个字；如果你对一千个人说话，那么同样的道理，每一个字就变成一千个字。你的一句话，如果有50个字，针对一千人说，那么就有5万个字传到你听众的耳朵里。

对着一群人演说，你所说的每一个字，不是让你离你要的结果越来越近，就是让你离你要的结果越来越远。你所说的每一个字所组成的句子，不是让你离你要的结果越来越近，就是离你要的结果越来越远。

演说是一把"双刃剑"。你所说的每一个字、每一句话，都可能会使你成功地得到你所要的结果，但相同地，也可能会摧毁你好不容易讲了很多、很棒、很有说服力的话，由于你说错了几个字，造成很大的影响。词汇具备伟大的力量，而词汇是由每个字所组成的。

在20多年前，我在学习"一对一销售"的时候，学如何背讲稿，如何背销售话术，如何背问题解答，都是一个字、一个字，一字不差地背下来。虽然这不是一个非常聪明的方法，但对当时而言，的确打下了扎实的基本功。

尤其是现在，"情景式演说"你所要面对的并不是只有一个人，可能

是一群人，可能像我一样经常面对几百人、几千人、上万人，有时候甚至在线上有好几万人，在听你所说的话。而你的句子是由字所组成的，你的演说必须用心，必须字字斟酌。你要注意你说的每一个字，因为你所说的每一个字，听众都在认真地听。

我在"情景式演说"的课堂上，有时候会让学生在学习到一半的时候，让每个人去演说 15 分钟，不管是销售演说，还是他们所想介绍的产品项目，或者是他们想招人、建团队等，然后我用手机把演说的过程录下来，然后一个字一个字地去听他们所说的话。你别小看你说错了某个字，因为词汇具备伟大的力量，而每个文字很可能就是一把刀，也可能是一个重要的核武器，你必须练到每个字都非常精准。

我还有一门课程，叫作"情景式销售"，所教的是一对一地沟通、谈判，里面我还提到，去问客户的问题，或者是客户问你的问题，要回答他说的每一个字，都不能说错。有时候你说错一个字，就失去了一笔几百万元、几千万元的交易。相对地，如果你说对一个字，也可能会得到几百万元、几千万元的生意。

在"情景式演说"时，要注意你想说的每一个字。

你可以把你想说的每一个字都写下来。

在一开始练习的时候，写下你想说的每一个字去修正，练了很多次之后，最后你可以不用背它。你必须多读几次，在你演说的时候看大纲，不用去看每一个字，也就是不见得你要去背足字稿。但是你要很注意你是不是用了一些软弱的字，或者用了一些错误引导的字，而导致你的"情景式演说"没有办法达到你所要的结果。

本节阅读心得及行动方案：

一、_____

二、_____

三、_____

四、_____

五、_____

六、_____

六十七、收集你的对象并完全崇拜你"情景式演说"的偶像

我听到过一句话:"假设你要问我,你有多少钱、多大的成就,那么请你先告诉我,你的偶像是谁。"

在这里我所说的偶像,并不是你要去盲目崇拜某一个歌星,或者某一个电影明星,而是你想去学习模仿的对象,是"三人行,必有我师焉",你对他有一种又敬又畏的感觉。

在一个叫作"荔枝 FM"电台里面,有六七百个我的演讲,每个只有短短的三四分钟,我一共讲了 600 多天。其中有一个重要的 3 分钟演讲,所谈的就是,人要成功,必须要有一位令你又敬又畏的人。

这里的"敬"就是尊敬。

这种尊敬,会让你想模仿他,就像小时候我们模仿李小龙练武功,模仿卡通里的人物一样。模仿久了,你的心智会不知不觉在潜意识里面和他有某一方面的类似,甚至你所说的话,和他也有某一方面的类似。

你去学习"情景式演说"的时候,必须有一位你自己崇拜的偶像。

这位你所崇拜的偶像,最好是有可能你能和他说上话的,你有可能可以看到他的,就算不能经常看到他,也能偶尔看到他,或者你可以发微信给他,或者可以和他碰个面。

这里的"畏"就是害怕。

有点害怕,并不是恐怖、惊悚的意思,而是你只要看到他,就会有点压力。

什么是压力呢？压力是好事还是坏事呢？通常有人会和别人说，"不要给自己这么大压力"，但是我经常和团队的伙伴说，"要给自己大一点的压力，并且你要学会和压力共舞"。

把压力看成好事，经常喜欢和压力一起跳舞，这样的情况可以把压力变成你的动力。而这位"情景式演说"的偶像，可能就是你只要看到他，或者他在台下听你说话，你会有一种紧张害怕的感觉。这种感觉就对了，因为他让你想表现得更好，你必须去收集这样的对象。

谈到这里，我想到在我成为老师之前，我有一位非常崇拜的演说对象。他不管在任何场合发表演说，都非常有魅力；他不管在任何情况的演讲，都非常能够达到他所要的结果，都会引人入胜，让人感觉到仿佛跟着他的演讲，走进他的世界，久久无法自拔。

那段时间我非常崇拜他，我拿录音机、录影带把他的演说全部录下来，把他说的话一个字一个字地背下来、写下来，边写边听，重复、重复、再重复，从早上起床到晚上睡觉，不断地学习他的手势，他的眼神，他的肢体动作，他说话的方式，他讲话的样子。

久而久之，有很多人说我和他太像了。我终于学会了这种有魅力的演说，也就是引申出了现在的"情景式演说"。模仿只是初步，创新才是永恒，你必须开始时就去找到你"情景式演说"的偶像。为什么我的学生到课堂上来上课，我至少要他们来四次复训，因为在过去几十年，你没有学过这门功夫，凭什么短短的几天你学完之后，就能够飞天遁地了？

你必须要经过好几次的学习、复习，才能够越来越好。我想让你在这个课堂上找到你可以模仿的对象，找到你又敬又畏的"情景式演说"的偶像，彻底地去学习，在"情景式演说"的时候，不断模仿他，那么就会让你的演说有迹可循，有进步的轨迹，一步一步越来越好。

本节阅读心得及行动方案：

一、_____

_____

二、_____

_____

三、_____

_____

四、_____

_____

五、_____

_____

六、_____

_____

六十八、"情景式演说"要学会讲故事

人们都喜欢听故事。于是,一本书的开头,一部电视剧的开头,一部电影的开头,一场演讲的开头,可能都是一个故事。比如,在小说的开头,通常都是在某一个风雨交加的晚上……或者电视剧的开头,可能是在1949年某一天的夜晚……

"情景式演说"的高手,必须要学会的、必须要知道的,也必须要去做的就是在讲故事的时候要能够引人入胜。

引人入胜就是把别人吸引到你的故事里面来,必须要让别人感觉到,他好像就在这个剧情里面。

比如,你要讲你工作的故事,描述你的工作多么有前途,有未来。你要描述努力之后,有更多的财富,能够赚到更多的奖金。对于销售团队而言,能够赚到更多钱,能够让父母感觉到荣耀,让家人感觉到欣喜,让孩子能够上好的学校,让另一半过好的生活,让自己能够买车、买房,过更好的日子。

要描述买什么样的车,什么颜色的,内装是什么样的呢?什么样的房子,在什么地段,几室几厅的,首付多少钱,会有多少安全感呢?会让自己的孩子上什么样的学校呢?

拥有一套属于自己的房子,让自己的家人有好的生活。或者回馈社会,做很多的善事,让自己感觉到快乐。过上美好的生活,穿上丝质的衬衫,打上漂亮的领带,或是女生穿上梦寐以求的高跟鞋。

去旅游的时候,比如说去泰国旅游,去马来西亚旅游,去美国旅游,

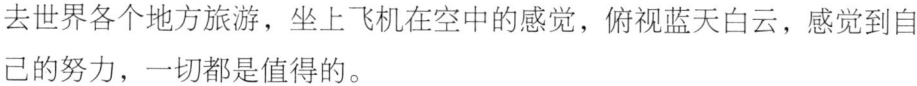

去世界各个地方旅游,坐上飞机在空中的感觉,俯视蓝天白云,感觉到自己的努力,一切都是值得的。

帮助更多需要帮助的人,是去什么地方帮助人呢?是在老家吗,还是在某个农村?或者资助一些支教的老师。

对这些描述画面,讲故事,都是"情景式演说"的高手所必须要学会做的事。

本节阅读心得及行动方案:

一、_____

二、_____

三、_____

四、_____

五、_____

六、_____

六十九、找到跟着能激励你的那个人

学习"情景式演说",不管是第一天,还是到第十年,甚至在一辈子里面,你在任何地方,都有可能会用到演讲。一个人从出生到死亡,只要你开始面对人群,你就要开始,不管你会不会、愿不愿意、能不能,你都必须要发表"情景式演说"。

人的一生,最后会有成就,可能就是发表"情景式演说"成功的结果。但相反地,人的一生,如果经常碰到坎坷、碰到问题,或者最后仍然以失败告终,就是因为运用"情景式演说"的效果不好,或者根本就没有学过、没有听过、不会这门学问。

有人对我说:"老师,我学了这么多演讲,看了这么多书,但是经常在学完之后情绪不好,心情不好;或者学完之后,有时候明明感觉会了,但又碰到实际状况的时候,出现张口结舌,不知道说什么;或者所学的全部忘光的情况。明明学的演讲技巧够多了,为什么仍然会产生这些情况呢?"

不只学演讲,你在学任何东西,包括我们学生时代高考的时候,可能准备得非常充分,但仍然会在考试的时候突然记不起来。在这时候,我要你做一件事,就是你要找到一个,并且你能够去跟随一个,随时能够激励你的人。

在我的人生中,在演讲的过程中,在领导的过程中,在做生意的过程中,有很多不同的导师。其中,有一位老师,每次我想到他,就能让我感觉到全身充满了动力;每次我听到他的声音,就能够让我感觉到全身充满了激励;每次我听到他和我说话,我就感觉到仿佛他附在我身上一样,我

第三部分 "情景式演说"的成效心法

在台上说话的时候,仿佛感觉到充满了力量,无与伦比的力量。

各位,你是否有这样的人呢?我们称为"师父",你是否有这样的师父呢?像在我的课堂上,有好几位我的学员,他们进一步成为我的弟子,他们有些是大老板,还有准上市公司的总裁,可以说各种各样的人都有。

我的学生比我更富有,更成功,但为什么他们要拜我为师,跟随我呢?

他们的回答是:"因为只要听到老师的声音,就能够感觉到好像充满了动力。"对的,不知道你是否有过这样的情况。再富有的人,都必须要有人可以激励他。有些富豪,他们已经是大老板了,已经没有人可以带着他们做生意了,已经没有人可以给他们任何的范例了,他们依然需要激励的力量。

每个人都必须要有一个能够激励自己的人,就像这本书里面所提到的,可以有一个人是无形的,可以是古代历史上的人物,某一个伟大的人物,但必须要有这样一个人。

你要有个这样的人,当你紧张,当你忽然想上台不知道怎么办的时候,你就可以突然发微信给他。就算他只有两句简单鼓励的话;就算你发了微信,他没有回复,而你看到他的微信,你就能够感觉到激励的力量。

激励你的这个人,就是在发表"情景式演说"的学问里面,你能够经常触碰到他,能够和他说上话,能听到他的声音,有他的微信。

如果你有这样的人,那么就是一种无形的力量,这个力量没有办法量化。通常有时候无形的力量比有形的力量更巨大。就好比软件的力量有时候比硬件更大,软件比硬件更值钱。

什么是软件呢?就是看不到、摸不着的,从做生意的角度来看,比如说商标是软件,比如说知识产权是软件。

什么是硬件呢?比如说,厂房是硬件,机器是硬件。

有时候一个商标可以买一百个厂房,这就是软件比硬件更值钱。有时候无形的力量比有形的力量更伟大。

你必须找到一个能够激励你的人,能够让你感觉到,只要你想上台,只要你想和众人说话,你看到他的书,听到他的音乐,想到他的外形,和他交流,就会充满了力量,然后就可以把你所准备的演说稿讲得淋漓尽致。比如说,《TED没教的情景式演说》这本书是否对你有这样的功能呢?如果是的话,请你随身带着它吧!

本节阅读心得及行动方案:

一、_____

二、_____

三、_____

四、_____

五、_____

六、_____

第三部分 "情景式演说"的成效心法

七十、真感情就是好文章

当你学过"情景式演说"这门课程，看过这本书，你的大脑里面已经有了这样的资料，就像在一个图书馆里面，你已经收藏了这本书。大脑就是你的图书馆，而这本书藏在你的图书馆里面。当你在演讲时不知所措，遇到困难时，就可以把这本书拿出来帮助你。

"情景式演说"是一门功夫，也是一门学问，你需要学习很多的技巧。但是只学华丽的技巧是不够的，还要返璞归真。也就是说，在演说中，你要讲的并不是华丽的言辞，也不是杜撰出来的东西，而是你真实的想法。

到底今天你发表"情景式演说"想要得到的结果是什么，以及怎么帮助别人，能够让别人得到什么好处呢？你真心地去分享，或许真诚就是最好的武器，真诚就是至高无上的工具，真诚是最有效的方法。

"真感情就是好文章"这句话说得一点都没错，当你不知道怎么演说的时候，记着问自己："你要的结果是什么？"是销售、招商、建团队、建渠道、路演、众筹，是一二三四五六这样的顺序。

"情景式演说"的架构可能会突然浮现在你的大脑里面，经过一而再、再而三的练习，不断地上课复训，不断地看这本书，可能它会融入你的潜意识，进入你的骨髓，到最后，你就可以下意识地说得很好，得到你所要的结果。

在"情景式演说"中，你讲了自己的感受，别人就愿意听，演说最忌讳的就是套路，像演出一样演一场。每个词，每个句子就怕说错。正如阿里巴巴创始人马云所说："演说不要死板，不要按套路走，说错了不要紧，重要的是'做你自己'。"

马云的演说不讲套路是有真实例证的。

马云在一次"企业家"年会上,作了一次精彩的"情景式演说"。

正好这天早上他的助手给他买了份报纸,报纸上说北京的某个湖里有一只鸭子被冻住了,而且还有照片。于是,马云的演说就从这只鸭子开始了:

"今天北京的报纸上登了一只大傻鸭,被湖面上的冰给冻住了。因为它没有料到今年的冬天会这么冷,而那些有准备的鸭子提前上了岸,于是就安全了……金融风暴也是如此,来了并不可怕,可怕的是没准备……我说过金融风暴最黑暗的时期已经过去,那是因为半年前阴云密布而大家浑然不知,那是最可怕的。现在虽然雨很大,但大家都在关注,就会慢慢好起来了……"

这就是马云的演说技巧,观点基本上都是事先想好的,但佐证、强化观点的案例故事却总是顺手取之,偶然却又自然,没有一点生硬做作,于是,他的演说就总是天马行空却又非常吸引人。

无论什么东西,一旦有了套路,就会变得生硬刻板。因为套路就是限制你自由发挥的枷锁,在套路的大框架里,你除了按部就班地遵循其中的演说规则,根本就没有自由发挥的余地。而且,一个大家都在用的演说套路,不但不会引起听众的兴趣,反而会让大家感到厌烦,完全失去继续听下去的兴趣。

本节阅读心得及行动方案:

一、_____

_____

二、_____

三、_____

四、_____

五、_____

六、_____

七十一、说别人想听的，而不是自己想说的

台上的演讲者经常会犯一个毛病，就是拼命地说一些自己想说的，而没有注意到台下的观众，有些人不耐烦，有些人鼓噪，有些人睡觉，有些人走来走去，有些人看旁边。

说别人想听的，而不是自己想说的。

因为除了技巧之外，我不断地谈到，你要问自己，到底你要的结果是什么？到底对方想听什么？到底台下的人你是否做过了解？其实，你可以做一些调研，可以采取一些互动，可以直接问他们想听什么，想学什么，甚至可以直接了解他们的想法是什么，知己知彼才能百战百胜。

经常会有很多的朋友，他们很想和我约、和我谈；也有很多我的学生，想来找我。一见面，他们"噼里啪啦"地说一堆他们想说的。比如，说他们的产品有多好，说他们的公司有多好，说他们的制度有多好，说他们的机制有多好，说他们的生产有多好……

但是，我心里在想：他为什么要和我说有多好，关我什么事呢？

人们也会去问自己，到底你说的话关他什么事呢？有没有和他所想要的结果或他想要的好处产生链接呢？如果没有的话，那你只说一些自己想说的，而不是别人想听的，怎么可能达到你想要的结果呢？

在你发表"情景式演说"、公众演讲的时候，说出每句话的时候，你都要问自己，这是不是别人想听的。

我经常开玩笑地和人说："我曾经碰到一个状况，有个人不断地和我

第三部分 "情景式演说"的成效心法

说话,说到我都很想走了,我就想看看手表,但是我手上没戴手表。他还是说,然后我就看了两次手表,我手上还是没戴手表。他还在说,然后我看了第三次手表,我手上仍然没有戴手表。然后他还是说他的,好像完全无视于我的存在一样,拼命地想拉着我说。"

大部分的人会犯这个毛病。不管一对一,还是一对多演说,只说自己想说的,而不了解对方的状况、感觉、想法。在我的另外一本书《情景式销售》里面,我讲到怎么样去和别人做销售,怎么样去成交,最重要的并不是要去成交什么,而是如何去让对方感觉到,你所要给他的东西,让他有兴趣,并且有需求,并且价值已经大于价格。

一对一是如此,一对多更是如此。

本节阅读心得及行动方案:

一、_____

_____

二、_____

_____

三、_____

_____

四、_____

_____

五、_____

_____

六、_____

_____

七十二、"情景式演说"用问句取代肯定句

在"情景式演说"中,你向对方表达自己的诉求,达到自己想要的结果时,是用肯定句,还是用问句呢?

大部分人听到肯定句的时候,可能感觉就是你给他指令。你让他做,他偏偏不做,于是很多人就想反抗。这种叛逆,就是不想照你所说的去做。但是,如果有时候你给予一些问句的话,这是一种让别人增加思考的模式。

就像我们学生时代考试的时候,如果只是选择题,你只能选 ABCD 中的一个或几个;判断题你只能选对错;如果你在考卷上收到的是申论题,那么你可以自由发挥,你可以有自己很多的创意。

如果你用问句来取代肯定句的话,那么可以让听众能够更多地思考。比如,你是否知道,学会一对多公众演讲、"情景式演说",可以大量地节省时间,而时间就是金钱呢?

这是一句问句,这样讲可能比"你知不知道'情景式演说'很重要"会更好一点。或许两者都要,但是有时候你用问句来取代肯定句,可能会让别人更有感觉。

你还可以说:"你是否能够了解,如果你能够学会一对多公众演讲,并且在任何情况、任何场合、任何时间,能够一对多公众演讲,达到销售、招商、建团队、建渠道、路演、众筹的结果,那么就会让你节省大量的时间,而大量的时间节省下来了,就等于是赚到了更多的钱,你说是吗?"

类似这样的方式,用问句来取代肯定句,在演讲的时候,开头肯定可

以用这种方法，结尾肯定可以用这样的方法，这是一种演说的技巧，让听众有更多思考和想象的空间。

本节阅读心得及行动方案：

一、_____

二、_____

三、_____

四、_____

五、_____

六、_____

七十三、选定老师及教练并持续大量地跟随他学习

曾经有人问我:"老师,有没有一门课,学完之后可以永远都变得很厉害?有没有一本书看完之后可以永远都变得很厉害呢?"

答案当然是不存在的。

如果你不相信,我倒要反问你:"有没有一顿饭是吃完之后,这辈子不用再吃了?有没有一句话是说完之后,这辈子不用再说了?有没有一口气是呼吸完之后,这辈子不用再呼吸了?"

如果世界上不存在这样的空气,不存在这样的话,不存在这样的饭,那么当然也不存在这样的课。"活到老,学到老",人应该不断地学习,你说对吗?

在"情景式演说"的课堂上,我都会不断地升级,每一次都和上一次不同。很多学生来复训都告诉我说:"老师,有很多不一样的地方,架构虽然类似,但是举例、说明,还有资讯不同,有太多太多是不一样的。"

为什么会这样子呢?除了我是老师的身份,另外我还在不断地看书,不断地学习,不断地和世界顶尖高手进行交流,不断地去实践,不断地去做,不断地犯错,不断地更正,又不断地犯错,又不断地更正。

你要把"情景式演说"练好,就要找到教练,找到老师,并且还要持续地练习。这里我说的是"持续",不是一下子,是大量、不断地和你的教练、你的老师学习。

一年下来,首先你必须要设定一个目标:一个你最喜欢、最想要学习

的老师和教练；其次你了解他的行程表、行事历，看他开课的时间，研读他的书。就像我以前也是这样做的，现在我仍然是这样做的；然后以老师的时间为主，先排好和老师学习的时间，再排下自己其他的事情，也就是把学习这回事当成生命中的头等大事。

一般人很容易把学习变成第二、第三、第四、第五，甚至排在后面的事，就是有空我就去，其实永远不会有空，永远去不了。于是永远去不了，也就永远不会有空，不断地陷入这样的恶性循环。把学习当成头等大事，这是你要学会"情景式演说"非常重要的一个观念。

本节阅读心得及行动方案：

一、_____

_____

二、_____

_____

三、_____

_____

四、_____

_____

五、_____

_____

六、_____

_____

七十四、多遍阅读、听音频、看视频，不断重复学

你要把"情景式演说"这门学问学好，所要做的事，不但要去课堂上学习，更应该学会多遍阅读。比如说这本书叫《TED没教的情景式演说》，你应该怎样读呢？我建议你第一遍应该从头到尾每个字都读；读完之后再读第二遍，并用红笔画出重点；第三遍再读，把重点重复读；第四遍再读，随身携带，坐飞机、坐车，有空就拿出来读一读。

你还要想办法，把它送给身边最重要的3~10个伙伴。他们可能是你的合作伙伴，是你的另一半，是你的同学，是你的代理商、经销商，是你的老板，是你的员工，是你想找来的人才，是你的团队成员，甚至是你刚认识的陌生人。

为什么要这么做呢？

因为当我看到一本好书的时候，我都会想要一次买十本以上，为什么？因为可以送给身边最重要的十个人。

我曾和世界著名的管理学大师汤姆·彼得斯学习，他告诉我说："一个人要成功，必须要帮助身边的六个人成功，你才会有成功的机会。"马云有"十八罗汉"，创建了伟大的阿里巴巴"帝国"。我们都是平凡人，我们只是做做生意，更应该要有自己的班底，"打虎亲兄弟，上阵父子兵"。你必须要不断地去学习，最好的方式就是看到好的书就去送给你身边最重要的人，或者可能是未来最重要的人。

你要不停地阅读，因为这本书现在看跟一年后看感觉会完全不一样，一年后看跟三年后看感觉又不一样。但是，从古至今，不管是过去的5 000

年，还是未来的 5 000 年，学习这门功夫，就是一对多地演讲，都是很有必要的。

大量地阅读，持续地阅读，你还要送给身边的人阅读，要每年、每月拿出来阅读，还要带在身上阅读，你要把它当成一本"圣经"来阅读。时代一直在不断地进步，你不仅可以阅读，还可以听音频。我建议你在"荔枝"电台聆听我的演讲，在里面找到"洪豪泽每日说"，我在里面有六七百个演讲，每个三四分钟。你还可以看视频，可以上网去搜寻"洪豪泽"，里面有很多"情景式演说"相关的学习内容，都是免费的。

任何一门学问，都是要不断持续、重复地学习，下功夫才可能会有所成。有句话说："一年掌其要领，三年必有所成，五年成为专家，十年成为权威，十五年才能成为世界顶尖。"任何人都要在任何领域下满一万小时的工夫，才会成为专家，古往今来都是如此。

本节阅读心得及行动方案：

一、_____

_____

二、_____

_____

三、_____

_____

四、_____

_____

五、_____

_____

六、_____

_____

七十五、了解"情景式演说"时的听众属性

在"情景式演说"中，有些人自顾自地自说自话，不愿意了解到底听众喜欢什么，不喜欢什么；也不愿意聆听听众在说什么。比如，你对着学生演说，偏偏讲的是商场的状况；对一群企业家，讲的是如何做推销员；对一群销售员，讲的是财务管理。

就算你说的是他们必须要听的，但是由于你没有了解听众的属性，没有先作一些引导、铺垫、问题解答，再切入你所要讲的主题，通常你得到的结果就是听众根本不想听。

你一定要非常清楚地知道，为什么这本书叫"情景式演说"，而不叫"公众演讲"呢？很重要的差别就在于这个"情景式"，在任何地方、任何场合、任何时间一对多，都要能够运用现场的工具、环境，得到你所要的结果。

如果你没有了解到底听众是什么样的属性？你只是自顾自地结果只能南辕北辙。像有些企业的老板，喜欢上"情景式演说"这门课之后，就把员工召集起来，给他们讲一些课堂上所学到的内容。既没有铺垫，也没有引导，更没有作抗拒问题的解答，就想得到你所要的结果，会成功吗？

最后大家都不想听，只能配合演出。因为"情景式演说"最重要的是，用现场的环境，而且还要了解听众的状况，你必须很清楚了解听众到底是属于什么样的人、什么样的状况，才能够用不同的方式来对不同的人演说。

你宁可用一千种方法来对一种人，也不要用一种方法来对一千种人。

第三部分 "情景式演说"的成效心法

本节阅读心得及行动方案：

一、_____

_____

二、_____

_____

三、_____

_____

四、_____

_____

五、_____

_____

六、_____

_____

七十六、红、黄、蓝、绿听众分类法

　　了解台下在座的观众，不管是来自祖国东南西北各个地方，我们用红、黄、蓝、绿这样的方式来作分类。协助你在发表演说的时候，能够更清楚地知道，怎么去了解听众的需求，从而对症下药，而不是盲目地只是自说自的。

　　几十年来，我经常去很多地方，面对很多人，甚至面对不同肤色的人演讲，利用红、黄、蓝、绿这个分类法，可以对不同的听众作一个大概的判断。

　　第一种叫作流着红色血液的人。

　　这里所谓的"红"，我称为流着红色血液的人。也就是说，这种类型的人，你从台上往台下看，他们会特别凸显，他们喜欢穿得光鲜亮丽，头发梳得非常整齐，或者打扮得非常有特色，甚至有时候还有自己特殊的风格。

　　这种类型的人，喜欢挑战，充满激情，热爱成功，喜欢比赛，如果你的活动里面有一些比赛的环节，就会让他们感到特别兴奋。他们喜欢当领导者，有一种天生领袖的感觉，有旺盛的企图，热爱赚钱。如果谈到能够成为亿万富翁、能够培养亿万富翁、能够公司上市这种话题的时候，他们就算很低调，但是眼神中也会透露出一种兴奋。

　　你看到这样的人，感觉到他们是属于红色血液的人。如果买车，他们喜欢买法拉利、兰博基尼，他们追求速度与快感，什么都想拿第一，都想赢。在台下的听众，如果有这样的人，你必须注意说话方式，只有这样才能够引起他们的注意，让他们感觉到有兴趣。

　　第二种叫作流着黄色血液的人。

　　这样的人具备使命感，很有爱心和包容心，不只是为了赚钱，而是非常想为大家服务。你和他们说赚钱，可能他们没兴趣。

　　比如，你在针对新进员工说话的时候，你一直谈到能够赚多少钱，能够帮他们买车、买房,他们没什么兴趣,但是谈到能够盖希望小学,帮助更多人脱离贫穷,他们就感觉到浑身是劲,那么,这样的人我称为流着黄色血液的人。

流着黄色血液的人的特征,就是非常有使命感。当你在台上说话,你必须要考虑到台下也有这样的人。

第三种叫作流着蓝色血液的人。

他们可能听到音乐就翩翩起舞;他们可能喜欢去舞厅、迪厅,喜欢唱歌、跳舞;他们可能在和你说话的时候,谈到赚钱,他们没兴趣,说到帮助人,他们也没什么感觉,但是如果一说到可以去环游世界,可以去夏威夷的海滩,去看澳大利亚的悉尼歌剧院,他们似乎立即有了感觉。去环游世界,这可能是他们追求的目标。

在"情景式演说"中,当你想要得到结果的时候,你必须从这些方面去跟他们作引导。他们的人生以享乐为目的,喜欢享受,热爱自由,甚至喜欢浪漫。

第四种叫作流着绿色血液的人。

流着绿色血液的人,是分析师。你想招一名这样的人才,到我们的团队来,是最棒的选择。他会问你,过去三年、五年、十年具体的到你来公司的数据,每一年多少人加入,多少人离开,各个部门的状况,数据图、曲线图的分析,他们各得到什么好处,薪资水平的待遇,休假的程度,内部自主创业等一切数据。

请拿出证据,其余免谈。这样的人是属于第四种人,他们有可能是一生追求精准,有可能是律师,追求理性,不管你说什么,都要你拿出证据。

以上就是红、黄、蓝、绿四种听众,四种不同的分类方式。

如果你要去一个充满黄色血液人的地方演讲,那么你就要去想想你的讲稿要怎么写,你要怎么去分析;如果你要去一个充满红色血液人的地方演讲,那么你就要大谈成功;如果你要去一个蓝色血液人多的地方演讲,那么你就要放些音乐,辅助更多浪漫的感觉;如果你要到一个绿色血液人多的地方演讲,那么你必须要准备好你的图表、分析、数据,这才是他们想要的。

这样的红、黄、蓝、绿分类法，你可以帮自己分析一下，你是属于哪种人，或者哪种血液比较多的人；你也可以把你团队的名字写下来，看他们是属于哪一种。

人们常说，沟通通往财富。不会沟通的人，不会赚到钱，也没有什么大钱可以赚；不会沟通的人，家庭没办法幸福；不会沟通的人，事业很难成功；不会沟通的人，团队带不了；不会沟通的人，产品卖不出去。

但是会沟通要先学会的是，和什么样的人沟通。了解听众分类的方式，这就是一对多"情景式演说"里面非常重要的一个分类方法。

有人可能会说："老师，可是我在台上说，台下每种人都有怎么办？"

每一种都有，那么哪一种占的比例高一点？大部分会有一种最高的，第二种是次之，一种到两种是最多的。不管是眼观六路，耳听八方，你在台上说话面对多少人，都要了解一下到底台下的听众，哪一种人比较多一点。

本节阅读心得及行动方案：

一、_____

二、_____

三、_____

四、_____

五、_____

六、_____

第三部分 "情景式演说"的成效心法

七十七、感性、理性听众分类法

人的左脑是偏向于比较理性的，而右脑是偏向于比较感性的。感性的人，看待事情添加自己的感情，属于情绪化动物，快乐难过从不刻意掩饰；理性的人，看待事情只讲对错，对事不对人，冷静得出乎意料，悲喜猜不透。

感性的人与理性的人思考方式的不同，与他们沟通时，也需要采取不同的方式。良好沟通的前提，就是先了解你的听众属于哪种类型，是感性的，还是理性的？

在台下听课的人，他们是属于什么样性质的人多一点呢？是属于分析、研究型的左脑多一点，还是属于感觉型的右脑多一点呢？

比如，我在课堂上常常和学生开玩笑说："如果你们要结婚要作决定，通常是感性多一点，还是理性多一点呢？"通常很多人说，感性多一点的时候才会作决定。那么，台下感性的人更多一些。

有时候我会应邀去一些律师公会演讲，或者去一些医师单位演讲，大部分他们所要听的，就是一种数据分析。如果在那里放了一些浪漫的音乐，喝着卡布奇诺，和他们说说人生和未来，或许他们会觉得，好像没有什么证据。

相对地，如果我面对一群很有梦想、激情、想成功的创业者，只和他们讲数据分析，或许这是他们需要听的，但我还是要加上其他，让他们知道，创业是一条不归路，创业是一条辛苦的路。很多人可能会死在路上，因为今天很美好，明天很美好，而大部分人死在明天晚上。

我必须要感性、理性兼具。就像前面讲过的，在台上演讲的时候，你要知道台下听众属于哪种人，要针对红、黄、蓝、绿四种人都说。一样的道理，你在准备讲稿的时候，你也要针对感性、理性的听众都要说，因为你可能也不知道台下是哪一种类型的人多，这样才能够全面地照顾到每一个听众的感觉。

当你说一句话的时候，你不可以只针对一种人说，你要针对红、黄、蓝、绿，感性、理性的人，各种不同类型的人都能听得进去，那么就能提高你"情景式演说"的效果，达到你销售、招商、建团队、建渠道、路演、众筹的结果。

本节阅读心得及行动方案：

一、_____

_____

二、_____

_____

三、_____

_____

四、_____

_____

五、_____

_____

六、_____

_____

第三部分 "情景式演说"的成效心法

七十八、雄性激素、雌性激素听众分类法

红、黄、蓝、绿听众分类法，是依照听众的穿着打扮、状况反映等这些可以看得出来的特征，去猜测到底听众哪一种类型的人多；感性、理性听众分类法，也是依照听众表现出来的特征，比如说慷慨激昂的时候，听众的反应，或者是平淡的情绪反应等，都可以去观察听众感性、理性哪种居多。

下面所谈到的雌性激素、雄性激素听众分类法，所代表的并不是男女。也就是说，雄性激素所谈的并不是只有男性，有些女性也有很高的雄性激素。

我们举个例子：

影视演员范冰冰曾说："我不会嫁入豪门，因为我就是豪门。"虽然范冰冰是一个美女，也是一个娇滴滴的女性，但在她原始的个性里面，是一种雄性激素比较高的情况。

雄性激素不代表一定好，当然也不代表一定不好。

女性拥有比较高的雄性激素，不见得不好，因为有时候可以转换成对家庭的照顾、对事业的发展。在这里的雄性激素和雌性激素不代表好坏，也不代表男女，它只是一种形容，一种象征。

有些男性也有比较高的雌性激素，但并不代表他不是男子汉。他喜欢辅佐自己的太太，喜欢扶持自己的太太出头，喜欢做更多的可能比较柔性的工作，比如家务，比如协助幕后的发展，这种都是属于雌性激素比较高的反映。

像我的团队里面，有些夫妻、男女朋友，很多是因为太太雄性激素比较高，所以都出来带团队、出头出名，而先生在幕后做策划、协助。

雌性激素和雄性激素的差别已经不局限于性别，不是在原始社会中，男性外出打猎，女性在家照顾家庭，而现在男女平等，男人可以做更雌性一点的工作，女人也可以做更雄性一点的工作。

在"情景式演说"中，你要分辨出，你的听众里面到底是哪一种人居多。

比如，你去健身房，给健身房的教练作演讲，他们中很多人或许是女性，但是仍然是雄性激素比较高的那一类。

知己知彼，百战百胜，用各种不同的听众分类法，不仅靠经验的积累，还有科学化的判断方式，更能够帮助你知道，如何才能够说对方想听的，而不是只有说自己想说的。

本节阅读心得及行动方案：

一、_____

_____

二、_____

_____

三、_____

_____

四、_____

_____

五、_____

_____

六、_____

_____

第三部分 "情景式演说"的成效心法

七十九、"7、38、55"法则

什么是"7、38、55"法则呢?

这里所说的"7",指的是演说的内容。内容只占整个公众演讲、"情景式演说"的 7%而已。一场演说,别人感觉到成功与失败,其实内容占的比例并不高。为什么呢?因为另外"38、55"占决胜的关键。

"38"可以说是语气,"55"可以说是肢体动作。

语气、肢体动作占整个"情景式演说"成功的 38%、55%,为什么占更大比例的不是内容呢?

你想想看,有时候你说一句话,好好地说、很平静地说,和很大声地说、非常大声地怒吼,虽然内容是一样的,但是给别人有完全不同的感受。而如果你再加上肢体动作,那么,有时候别人看到的只有肢体动作。

比如说:

第一种方式,你看到一个人,跳到桌子上,用力地比手画脚。

第二种方式,你看到一个人,你听到他说话,非常大声。

第三种方式,你看到一个人,非常平和地说了一段话。

如果这三个人所说的内容是一模一样的,但一个只是平静地说,一个使用了非常强烈的语气,另外一个使用了非常强烈的肢体动作,这三种表达方式给人完全不同的感觉。

"情景式演说",不仅靠嘴巴说,还要加上表演,再加上肢体动作,才能够让听众深刻地感觉到你到底要表达什么。

肢体动作的重要性不仅在于它本身。

有时候你的情绪不佳,你可以去改变你的行动、你的肢体动作,因为

191

你要让自己的动作改变你的心情，不要让心情影响你的肢体动作。

什么意思呢？

各位，你是否坐过过山车？云霄飞车呢？你是否去游乐园玩过刺激的游戏呢？每次，当你玩刺激的游戏之后，游乐园都会帮你在空中拍照，而你可以到出口的地方，去选取游乐园帮你拍的照片。

我记得每一次，当我看到游乐园出口那些照片的时候，几乎都是非常快乐的表情，当然也有惊吓的表情，但是大部分是张开嘴巴的微笑、大笑，甚至狂笑。

玩过山车的人一定都心情很好，难道就没有心情不好的情况吗？

当然，这些人就算心情不好，但是因为改变了他们的肢体动作，也顺便改变了他们的心情。有时候你去跑步、去游泳、去做瑜伽、去健身，都有可能会改变你的心情，让你心情变好，这是有科学根据的，因为你的大脑经过运动之后，会产生一些物质，分泌一些让自己的心情变好的物质。所以当你想要上台发表"情景式演说"的时候，你可以去跑跑步，可以去做你喜欢做的运动，以此来缓解自己的紧张。

我喜欢去游泳，喜欢做瑜伽，喜欢健身，这些都可以帮助我在上台面对大众之前，能够把心情放松下来。因为放松了之后，就会有正常的表现，甚至会有更好的表现。

在一场"情景式演说"的过程中，肢体动作占55%，语气占38%，而那7%呢？就是内容。这就是"7、38、55"法则，它会让你的"情景式演说"在各种场合更加地完美。

本节阅读心得及行动方案：

一、_____

二、_____

三、_____

四、_____

五、_____

六、_____

八十、一个字一个字说清楚

我授课的对象比较广,经常在上海、北京、深圳开课,或在全国其他地方,甚至其他国家,有来自各个地方的人。

有些时候,我会让大家问问题,但有些人问完问题之后,我根本不知道他想问的是什么,因为说话的方言口音非常重。

我叫他讲普通话,他却说:"我说的就是普通话。"

我却听不懂他的普通话,为什么呢?

因为他的乡音真的太重了,而这种事情并不是一下子就能改得过来的,也不一定非得参加正音班,或者是专业的矫正班,只要有一个很简单的秘诀,就会让这件事变得非常简单,就是一个字一个字说清楚。

什么是"一个字一个字说清楚"?

也就是每次当你说话的时候,你要提醒自己,如果你面对的观众有来自各个地方的人,一个字一个字说清楚,更能够让他们理解你的意思。

有时候,我会面对一些会讲中文的外国人演讲,他们更需要我一个字一个字地说清楚。不然,他们真的不知道我在说什么。我记得我在国外演讲,虽然有时候有华人,但很多华人已经在国外待很久了,他们很久没有说普通话了,他们在外语的环境下,有时候对于母语已经慢慢地不怎么熟悉了。

记住一点,每次上台之前,因为你面对的群众是来自各个地方的听众,你得训练自己,一个字一个字地说清楚。

本节阅读心得及行动方案:

一、_____

_____

二、_____

_____

三、_____

_____

四、_____

_____

五、_____

_____

六、_____

_____

八十一、很多言语要靠下苦功夫背下来

很多人会问我:"老师,为什么你的演讲总是能够有很多华丽的辞藻,有丰富的经验,有非常漂亮的言语,甚至感觉到,好像你学富五车,才高八斗,上知天文,下知地理,什么都会的样子,说话总是这么溜,而我们总是说一说就紧张,就'卡壳'、忘词,为什么呢?"

说到这一点,我必须要提到一句古老的话,叫作"天才绝对是靠99%的努力,加上1%的天赋"。

我在"情景式演说"这门课程中,三天的讲课时间,我要让大家把很多内容背下来;我在"情景式销售"这门课程中,教很多人要把我所说的背下来,而且还要用电脑考试,给大家更大的压力。

你必须要下苦功夫背下来。有人说这是战斗营,像军队当兵一样很严格。但学习完之后,他们总是非常开心,因为努力之后的快乐,付出的汗水是非常甜美的,也是非常喜悦的。

到底要怎么样才能让自己有更多的词汇呢?比如说各位看这本书,我就建议你至少看 10 遍以上。我有些学生看完一本书,写心得报告给我,他说他要看 100 遍,写 100 次给我。

"天下无难事,只怕有心人。"没错,如果你真的要把一门学问学透,那么"滴水可以穿石"。我的上一本书《生存力》,在国内外多版本发行,里面谈到 91 条创业法则。有人把这 91 条背下来,写心得给我,他说真的学到太多创业避免走弯路的技巧和心态。

这些都不是一朝一夕可以得来的,所以你必须要不断地练,不断地学,不断地讲,你必须要学、做、教。

这里提到学习的三个非常重要的步骤和循环，叫作学、做、教。

什么是学呢？

你至少要学 6 次以上，也就是你要看这本书至少 6 次，你要来上这门课至少 6 次。

什么是做呢？

你要不断地去做，至少每一个星期都要去讲，找机会去发表"情景式演说"，连续一年。因为"一年得要领，三年必有所成，五年成为专家，十年成为权威，十五年才可能成为世界顶尖"。任何人在任何领域、任何行业都是如此。

什么是教呢？

你想成为什么专家，你就去教什么。

有人问："老师，为什么你是团队打造专家？"

我说："因为我带着很多人，并且我在教'复制 CEO'，所以我本来没那么会，越教就越会了。"

看完这本书，我建议你要找人分享，可以举办读书会，可以和我产生一些链接，可以在线上、线下不断地学习，可以不断地去教别人这本书里面的内容。因为你想成为什么专家，你就去教什么。因为在教之前，你必须要去让自己的头脑里面有一个教学的逻辑，如果你连逻辑都没有，你怎么教别人呢？

有了这个逻辑，你就会重新整理，重新思考，重新归纳，重新写笔记，甚至你要把这本书当成演说的"圣经"一样，在这本书里，密密麻麻地写下、画下重点，写下你得到的领悟和感悟。

一次又一次，我相信你一定可以成为演说的专家，因为这本书是融合中外、古今，融合几十个世界第一名大师智慧的精髓，经过我个人的实践、演练、整理、分析，全部是原创、新创。

你要不断地、持续地、大量地去学。

本节阅读心得及行动方案：

一、_____

_____

二、_____

_____

三、_____

_____

四、_____

_____

五、_____

_____

六、_____

_____

第三部分 "情景式演说"的成效心法

八十二、"情景式演说"永远要让听众知道价值大于价格

在我的课堂上,我教别人如何销售与成交,如何打造销售团队?打造一支走出去、说出来,能够把钱收回来的,攻无不克、战无不胜的线上、线下的销售团队。这是我多年来研究的功夫,也协助很多的朋友、学生学到这门功夫。这是一门学校不教,但是非常重要的功夫。

在课程里面,一个最重要的观念,就是一定要让客户知道价值大于价格,也就是一定要让客户感觉到你所卖的产品、所招的商、项目等,价值大于价格的十个理由,甚至是价值大于价格的一百个理由。

一对一如此,一对多更是如此。当你在达到"情景式演说"结果的时候,不管是一对一、一对十、一对百、一对千、一对万,不管你是要销售、招商、建团队、建渠道、路演、众筹,你都要写下为什么价值大于价格的十个理由,最好做成PPT,最好一条一条放出来,让台下的听众一个一个看,一个一个听,一个一个解释。

如果时间不够的话,你快速念过,都比没做好,因为人们之所以会行动,之所以会购买,之所以会成为你招商的对象,之所以会加入你的团队,之所以会和你合作,之所以会把钱给你,最重要的是他认为这做比不这么做有更多的好处。

通俗来讲,这就是我们所说的价值大于价格。只有价值大于价格,人们才会产生行动。记住你在台上说话,你要的结果就是让台下产生行动。

本节阅读心得及行动方案：

一、_____

_____

二、_____

_____

三、_____

_____

四、_____

_____

五、_____

_____

六、_____

_____

八十三、别以为台下都知道，其实他们都不知道

经常有学生问我："老师，为什么你说完话之后，有些人就会采取行动？如果你想销售，他们就去买单；如果你想招商，他们就加入你的团队……而我每次说完之后，台下一动也不动，两眼茫然，甚至没有感觉。"

我告诉他，其实在台上，有时候你说的很好，你已经得到真传，而之所以会产生这种情况，是因为你没有很清楚地让台下知道，到底你要他们做什么事？

在这本书的前面，我谈到的重要关键词：一个是谕令，另一个是动令。

什么是谕令，什么是动令呢？

谕令就是告诉他多久以后，你要他做什么事。

动令就是你要他马上采取行动，去做那件事。

问题就出在，你在最后让他去做什么事之前的环节，没有说好，没有讲清楚，没有再三重复，没有确认他是否已经知道。

你可以复习一下，这本书里面有一个架构，这个架构就是你所要做的事，他不是不愿意采取你要他采取的行动，只是他不清楚、不明白，到底你要他真正要做的是什么事，所以才会出现他们都不动的状况。

你要把台下学生当成小学生，甚至是幼儿园的小朋友，他们什么都不知道，你讲得越清楚越好。但你还要拿捏的分寸是，别让别人觉得你说话啰唆，而讲清楚总比啰唆更能够让人采取行动。

本节阅读心得及行动方案：

一、_____

_____

二、_____

_____

三、_____

_____

四、_____

_____

五、_____

_____

六、_____

_____

第三部分 "情景式演说"的成效心法

八十四、仔细描述细节及画面

我看过一部电影，叫作《泰坦尼克号》。我相信很多人也看过这部电影。其实这是一部拍摄过的电影，第一次拍摄没有成功，很多人也不知道这部电影的存在，而第二次翻拍非常成功。

不管在电影院，还是网络上，我看过了好几次。这是一部非常好看、非常激励人心的电影，更有非常缠绵悱恻的爱情让人感动。

这部电影在描述什么呢？

在我还没有看这部电影之前，我的一个朋友告诉我："这部电影就是演一个穷小子，跑到一条船上，认识一个很有钱的女人，后来他们一起碰到船难，女的没死，男的死了，因为男的救了女的，就这样。"

我听完之后，觉得这部电影一点都不好看。

其实他讲的也没错，这部电影的情节就是如此。但是如果你非常生动地描述这部电影，你在台上发表"情景式演说"，从这部电影一开始，就说：

一个穷小子难道没有资格爱上一个富家女吗？一个穷小子难道没有追求自己渴望的爱情的机会吗？一个穷小子难道没有去救自己最爱的人的勇气和能力吗？

这部电影不仅是伟大的，而且是激励人心的。

这个穷小子上船之后，在偶然的机会，认识了这位富家女孩。而这位富家女孩，本来被安排要嫁给一个一样有钱的男人，她却对这个男人没什么兴趣，没什么感觉，反而对这位穷小子产生了情愫。他们觉得，生命不应该被安排好，所以他们决定要在这艘船上进行一场自由的恋爱。

有一天，穷小子进到了头等舱，和这位富家女一起享用晚餐，他们准备在下船之后，不顾众人的反对，进行他们伟大的爱情。不料在中途，泰坦尼克号这艘巨大的船居然撞上了冰山。撞上冰山之后，我们看到了人性，我们看到了什么叫作刻骨铭心的爱情。

当大家纷纷逃走的时候，当救生艇一艘又一艘地开走的时候，我们感觉到大海的伟大，人类的渺小，我们感觉到生命的无常，以及珍惜与活在当下，我们更感觉到伟大的爱情在这个时候是怎样萌芽的。

震撼人心的场景，以及这艘巨大的船，在倾倒的那一刹那，这个男主角杰克和女主角罗斯一起掉到海里面去了。这时候有一块木板，这是最后一块木板，如果两个人都爬上这块木板，就会因为太重而倾斜进而沉入海里，所以杰克选择让罗斯——他爱上的这位女主角，单独地在木板上面，而杰克在旁边鼓励他，告诉她一定要活下去，永远、绝对不要放弃活下去的念头。

罗斯最后得救了，含着泪活到了八十几岁，当她每次想起这次经历的时候，她总是告诉自己，不管碰到任何困难，都要活下去。

这是刚才我对于这部电影的描述。各位，听完之后有没有感觉比前一种描述感觉更强烈呢？

对的，这就是"情景式演说"在描述细节及画面的重要性，这样才能够引人入胜。

什么叫引人入胜呢？

就是让别人感觉到，他仿佛就活在你所说的故事里面，这样的"情景式演说"就可以得到你所要的结果。你必须要不断地描述细节，不断地描述画面，让别人感觉到、知道细节和画面，并且融入这个细节和画面。

本节阅读心得及行动方案：

一、_____

_____

二、_____

_____

三、_____

_____

四、_____

_____

五、_____

_____

六、_____

_____

八十五、终身对"情景式演说"学习与练习

我听过这样一句话:"人不是离成功越来越近,就是离成功越来越远。"人生只有不断地学习,才能逆水行舟,不进则退。你不断地学习,会越来越好。反之,会越来越坏。

一个人从出生到死亡,不管是做生意,还是感情、婚姻、事业,不管是要成功达成目标,还是要过更好的生活,要想活得更好,就必须要学习在各种场合一对多演讲,还要有结果,达成我们这本书不断地强调的六个目的——销售、招商、建团队、建渠道、路演、众筹。

就算不是做生意,你也必须如此;就算你在做慈善,你还是要达到这六个结果。如果你想让你的钱赚得更多,房子住得更大,车子开得更好,更孝顺父母,做更多的善事,你就必须要学习"情景式演说"。

我鼓励大家,读完这本书,你要一读再读,分享给身边的人阅读,并且还要告诉给你的下一代,告诉给你最好的朋友,告诉给你的家人,把这门学问当成一个终身学习的学问。因为学习这门课,已经是人生必须做的事。

有人可能会说:"老师,以前你还没有开这门课,我们也没有学过,我们生意做得还是挺成功的啊。"

没错,首先过去的时代、过去的背景,可能不代表未来,但过去其实也是要学这门功夫的,只是没有人把它归纳出来而已。

"老师,当听你讲课,看这本书的时候,我们感觉到以前我们有在用

你所说的东西,是我们没有归纳而已。"

没错,你没有归纳,你不知道怎么讲,就无法复制,没有办法把团队变大,没有办法取得更多,以及没有办法学到更有系统的学问是最重要的原因,所以你必须要下定决心,终身对"情景式演说"进行学习与练习。

本节阅读心得及行动方案:

一、_____

二、_____

三、_____

四、_____

五、_____

六、_____

八十六、在线进行"情景式演说"

由于科技的发达，现在有很多的直播平台，不管是线上的直播平台，还是线上的音频平台，你已经可以成为自己的主人，我们又称为自媒体——自己就是一个媒体。

我有一门课程叫作"新财富，新媒体"，就是在教你怎样运用新媒体。

过去你要上电视可能不容易，要先成为明星；过去你要上报纸可能不容易，要先成为有名的人；过去你要上广播电台，要先成为一个名嘴。但现在什么都不用了，因为运用很多的 APP，不管是在国内还是国外，可以让你学到各种不同的技巧，并且你可以透过这种自媒体，如果在线上，你可以用 You Tube，你也可以用掌门直播，用各种不同的方式。

可以让别人看到你，也可以让别人不看到你。看到你的方式就是直播视频，不看到你的方式可以用音频。

你现在学会"情景式演说"，比以前更重要。以前顶多在现场面对面你必须说话，现在你不仅可以用音频，用你的声音来影响更多的人，还可以用面对面的视频来影响更多的人。他们虽然不在你的面前，但天涯若比邻，他们在电脑前面、在手机前面，就可以看到你，听到你的声音。

在线进行"情景式演说"，会比以前收到更大的效果。你还要告诉自己，在今天学完这门课，看完这本书，你要在哪个平台做直播，你要在哪个平台去演讲，讲什么主题，你都要把它们写下来。

本节阅读心得及行动方案：

一、_____

_____

二、_____

_____

三、_____

_____

四、_____

_____

五、_____

_____

六、_____

_____

八十七、定时、定量的"情景式演说"

做任何事情，定时、定量才会成功。比如：

几年前，我在一个叫"YY 语音"的平台上面，每周有三次定量、定时直播，一次半个小时；

我在"掌门"里面，有一些定时、定量的直播，只要你搜寻"洪豪泽"就可以看到；

你在"荔枝"电台搜寻"FM630256"，就可以看到我在里面连续两年，有六七百个录音的直播。

你必须要让自己学会一门学问，那就要养成定时、定量的习惯。在线上也好，在线下也好，你都要强迫自己做这些事情。定时、定量是成功重要的基本法则，也是成功重要的关键。

"三天捕鱼，两天晒网"，无法坚持，更无法持续，是不会成功的。

在我的课堂上，我经常说持续力比执行力更重要。因为你只是执行，可能你有很好的爆发力，但是如果你没有持续，那么人们就不会真正地相信你，因为人们还不确定你讲的事是真的还是假的。

本节阅读心得及行动方案：

一、_____

_____

二、_____
_____

三、_____
_____

四、_____
_____

五、_____
_____

六、_____
_____

八十八、不定时、不定量的"情景式演说"

你还记得"情景式演说"的定义吗？

在 15 分钟内，在任何场合、任何时间、任何地点，因人、因时、因地、因主题的一对多公众演讲，并用现场的环境与工具，达成销售、招商、建团队、建渠道、路演、众筹的目的。

你必须要不定时、不定量，什么意思呢？

上面我们所说的是定时、定量，在这里我们所说的是随时随地。你要学会这门学问，要应用自如，就像你学会玩双截棍一样，学会玩足球一样，学会打篮球一样，你随时随地都能够打好篮球，踢好足球，玩好双截棍。

你随时随地都要能够去发挥"情景式演说"，因为这样才是真正的"情景式演说"。如果一定要固定场合，那就不叫"情景式演说"了。

本节阅读心得及行动方案：

一、_____

二、_____

三、_____

四、_____

_____

五、_____

_____

六、_____

_____

八十九、全团队都会"情景式演说"就是拥有了一批招商军团

多年来，我除了教学之外，也协助过很多企业，对企业进行辅导，到企业内部去做顾问，甚至后来还和很多的企业合作，共同开公司、共同合作创业，以及成立新部门。

我协助过很多传统企业，做一种转型，这是一种崭新的方式，叫作全员营销。

为什么要全员营销呢？

因为很多工厂有工人、餐厅有服务员，但他们都不是营销人员，甚至他们排斥营销，抗拒营销，有些企业的后勤人员，也不喜欢营销。

但时代不一样了，那些不喜欢营销的工人，不喜欢营销的服务员，不喜欢营销的后勤人员，他们可能会偷偷地运用星期六、星期天，或者是晚上的时间，在老板不知道的时候，在手机上卖卖奶粉、卖卖面膜，做做微商。但如果你是企业领导，为什么不让所有的人都成为你的销售大军、合伙人呢？

学会"情景式演说"，你的后勤团队，你的工厂人员，你的餐厅服务员，你的美容师，任何人都可以成为招商的大将。因为大家都会说，大家都能说，大家都能在任何场合、任何地点，都能够用 15 分钟的方式来说，那么你就拥有了一批招商军团。

这个时代会卖的是"老大"，会带一群人卖的就是"大哥大"。

你拥有一批招商军团，最好的方法就是都学会"情景式演说"。我每

次课程开课,都有很多老板带着一群合伙人、一个团队、一群代理商一起来上课。有人买我的书,一次买一百本、一千本,他说让每个人一起学,早上开晨会、办读书会,这些都是非常好的方法。

如果全团队的人都学会"情景式演说",你觉得未来会怎么样呢?

如果过去一年你学会了,并且你的团队都学会,那会怎么样呢?

若过去一年,你的竞争对手团队学会了,而你的团队没有学会,你觉得会怎么样呢?

未来的一年,如果你带一群人都学会了;未来的两年、三年,如果你带很多人都学会了,而且还不断地复制,你觉得会怎么样呢?

全团队的人都要学会"情景式演说",记住这是一个招商的时代。

本节阅读心得及行动方案:

一、_____

_____

二、_____

_____

三、_____

_____

四、_____

_____

五、_____

_____

六、_____

_____

九十、为什么要学会"情景式演说"的理由

为什么要学会"情景式演说"?

学会情景式演说,是寻找人才、建立团队最快速有效的秘密武器!

学会情景式演说,是众筹及寻找资金最厉害的方法!

学会情景式演说,是可以在最短的时间、花最小的力气、赚到最多钱的方法!

学会情景式演说,相当于学会可以在任何场合、任何时间、对任何人达成所有你想要的结果!

学会情景式演说,是建立品牌最强而有力的方法!

学会情景式演说,是最快能升官发财的方法!

学会情景式演说,是会让你知道原来所有成交都可以一对多!

学习情景式演说,是所有中外演说学习最有效的演说训练!

学习情景式演说,是结合左右脑同时让感官和情绪应用的系统!

学习情景式演说,能让团队凝聚力彻底激发!

学习情景式演说,能让你短期成功快速致富!

学习情景式演说,能让你永葆成功不败!

学习情景式演说,让你快速找到幸福美满的另一半,吸引完美另一半出现!

学习情景式演说,能帮助更多人脱离贫困!

第三部分 "情景式演说"的成效心法

学习情景式演说，是出人头地最快的方法！

学习情景式演说，能让你充满自信和魅力！

学习情景式演说，是通往财务自由之路！

学习情景式演说，能让你拓展全国及全球市场。

学习情景式演说，可以学会在镜头前演说，并出书成为畅销书作家到全球演说！

学习情景式演说，能让一个完全不懂演说、害怕表现的人成为演说家！

学习情景式演说，能让被埋藏的人才崭露头角！

学习情景式演说，是建立网络最快的方法！

学习情景式演说，能完成人生所有梦想！

学习情景式演说，能学会在任何时候，任何地方一对多成交、收钱、吸引人才！

学习情景式演说，能学会自我催眠及催眠他人成功！

学习情景式演说，能让你永葆正能量！

学习情景式演说，能提早享受有钱有闲的生活！

学习情景式演说，能随时化危机为转机！

学习情景式演说，让你在全国及全球各地受人尊重！

学习情景式演说，可以做更多慈善事业，完成人生使命！

……

没有足够的理由，就无法做出行动和结果。动机比方法更重要，没有成功是没有找到成功的足够动机。

本节阅读心得及行动方案：

一、_____

_____

二、_____
_____

三、_____
_____

四、_____
_____

五、_____
_____

六、_____

第三部分 "情景式演说"的成效心法

九十一、下定决心学会"情景式演说"

学会"情景式演说",是出人头地、成功致富、改变自己命运、改变家族命运,最快、最好、最有效的方法,而且是最直接的方式。

在这本书里面,我不断地谈到的观点:时间大于金钱,时间比金钱更重要。如果你可以节省更多的时间,那么就等于节省了更多的金钱,也等于赚到了更多的金钱。相对地,如果你浪费了时间,那么就等于浪费了生命,等于在慢性自杀。

学会一对多的"情景式演说",可以让你好像多活很多年。而你的团队和你的合作伙伴,每个人都学会"情景式演说",好像大家都多活了好多年一样。你要一而再、再而三、反反复复地重复看这本书。这是一种节省时间的方法,就好像让你更长寿、更快乐的方法。

下定决心,包括你的团队、合作伙伴、代理商、另一半、下一代,所有的人都让他们学会这本书的内容,也让他们学会不只是演讲,还要在各种场合、各种时间、各种地点,因人、因时、因地、因主题,15分钟内发表"情景式演说",达到销售、招商、建团队、建渠道、路演、众筹的结果。

本节阅读心得及行动方案:

一、_____

_____

二、_____
_____

三、_____
_____

四、_____
_____

五、_____
_____

六、_____
_____

后记：
不同场合演说，达成最想达成的结果

情景式演说，就是一个人站出来面对一群人，怎样做能够让他们接受他、愿意听他说话，明白和相信他所说的、愿意对他说出心里话、和接受他的引导而有所行动。定义很简单，但是我认为，真正能够做到谈话潇洒自如，或者让人如沐春风，或者澎湃激昂等非常受感染的就不简单了。

这是一个魅力展现的时代！

不要小看了"情景式演说"中的"说"字，演说非常能显示一个人的魅力。演说是一门语言艺术，它的主要形式是"说"，即运用有声语言并追求言辞的表现力和声音的感染力；同时还要辅之以"演"，即运用面部表情、手势动作、身体姿态乃至一切可以理解的态势语言，使说话"艺术化"起来，从而产生一种特殊的艺术魅力。

我认为："一个人的成功大约有15%取决于知识和技术，85%取决于人类工程——发表自己意见的能力和激发他人热忱的能力。"

每个人都有不同的人生目的：

你想升官发财吗？

你在创业转型吗？

你要在线上、线下讲课吗？

你要让直销团队快速大量裂变吗？

你是微商要找代理吗？

你公司上市要路演吗？

你要产品狂销热卖吗？

你希望快速拓展连锁加盟店吗？

你要快速找到生命中的另一半吗？

你渴望大量找到优秀人才吗？

你是否极度渴望建立天才团队？

你羡慕信手拈来可以激励团队的领袖吗？

你是否上过太多演讲班却仍开不了口？

你想成为超级演说家吗？

你要在讲台上改变众多人的命运吗？

你已经是超级讲师却难以再突破提升了吗？

你是培训教育事业的老板渴望找到再创巅峰的秘诀吗？

你是否一定要把同行甩到后面几条街呢？

你要让竞争对手看不到你的车尾灯吗？

你是否知道通过在任何情景发表公众演说才是演说成功终极有效落地的绝密武功？

你能想象一场招商会就收到你众筹所有资金的场景吗？

你想在路演时让投资人疯狂抢进你的项目吗？

你想找到长期能辅导你的一代宗师吗？

你想让生意通过在线招商做到全国乃至全世界吗？

你想吸引贵人主动帮助你吗？

你想学会一套演说公式拿回去马上能用吗？

你想快速培养更多超级演说高手在全国及全球并在线上及线下遍地开花吗？

你想找到合作伙伴并让洪豪泽老师跟你合作帮你工作吗？

你想打造一批招商军团吗？

以上一切尽在"情景式演说"！情景式演说与公众演说的差别是什么？最大的差别就是有没有达成结果。人们常说，"不以结婚为目的谈恋爱就是耍流氓"，那么，我也可以说，"不以结果为前提的演说就是耍流氓"。